智库 中社
国家智库报告 2017（9）
National Think Tank
"一带一路"

"一带一路"视野下亚非经济圈的构建与发展

马文琤　智宇琛　汪塞飞叶　著

THE CONSTRUCTION AND DEVELOPMENT OF ASIA AND AFRICA ECONOMIC CIRCLE UNDER THE ONE BELT AND ONE ROAD PERSPECTIVE

中国社会科学出版社

图书在版编目(CIP)数据

“一带一路”视野下亚非经济圈的构建与发展/马文琤，智宇琛，汪塞飞叶著.—北京：中国社会科学出版社，2017.4
（国家智库报告）
ISBN 978-7-5203-0074-2

Ⅰ.①一… Ⅱ.①马…②智…③汪… Ⅲ.①国际合作—经济合作—研究报告—亚洲、非洲 Ⅳ.①F130.54②F140.54

中国版本图书馆 CIP 数据核字（2017）第 055163 号

出 版 人 赵剑英
责任编辑 王 茵
特约编辑 范晨星
责任校对 闫 萃
责任印制 李寡寡

出　　版 中国社会科学出版社
社　　址 北京鼓楼西大街甲 158 号
邮　　编 100720
网　　址 http://www.csspw.cn
发 行 部 010-84083685
门 市 部 010-84029450
经　　销 新华书店及其他书店

印刷装订 北京君升印刷有限公司
版　　次 2017 年 4 月第 1 版
印　　次 2017 年 4 月第 1 次印刷

开　　本 787×1092 1/16
印　　张 10.25
插　　页 2
字　　数 105 千字
定　　价 49.00 元

凡购买中国社会科学出版社图书，如有质量问题请与本社营销中心联系调换
电话：010-84083683

摘要：自“一带一路”倡议提出后，中巴经济走廊建设快速推进，并已初见成效。与此同时，在中国的参与和支持下，埃塞俄比亚—吉布提经济走廊、乌干达—肯尼亚经济走廊和卢旺达—坦桑尼亚经济走廊也开始逐渐成型。本报告系统分析了上述四大经济走廊的政治、经济发展情况以及中国在其中所面临的机遇与挑战。随着中巴经济走廊的不断发展，以及中国与东非各国合作的深入，上述四大经济走廊将成为环印度洋的新兴制造业基地；同时，中国也由此获得印度洋、太平洋“两洋发展”的重要战略空间。因此，本报告建议以四大经济走廊为基础打造中国—印度洋经济圈。具体措施包括推动建立以中国为主导的自贸区网络，促进贸易创造、产业技术转移和资源高效配置；引导产业对接和产能合作，促进跨境投资；建立共同的危机应对机制，重点是加强共同反恐机制、应对人道主义危机等。

关键词：一带一路　中巴经济走廊　东部非洲　互联互通

Abstract: After the Belt and Road Initiative was put forward, the construction of China-Pakistan Economic Corridor has been accelerating rapidly with preliminary results. In the meantime, with the participation and support of China, Ethiopia-Djibouti economic corridor, Uganda-Kenya economic corridor and Rwanda-Tanzania economic corridor are gradually taking shape. This report systematically analyzes the politics, economic development, chance and challenge that the four economic corridor and China would face.

With the development of China-Pakistan Economic Corridor and the in-depth cooperation between China and East African countries, the above four economic corridor will become the new manufacturing base in Indian Ocean Rim; at the meanwhile, this has brought China the important strategic space of the Indian-Pacific Ocean development. Therefore, this report suggests to build the China-Indian Ocean Economic Circle on the base of the four economic corridor.

The specific measures are as follows: building free trade area network dominated by China, promoting trade creation, industry technology transformation and effective allocation of environmental resources; guiding industry docking and capacity cooperation and promoting cross-border investment; establishing an counter-crisis mechanism based on a joint efforts with an emphasis on anti-terrorism and humanitarian crisis, and so on.

Key Words: the Belt and Road Initiative; China-Pakistan Economic Corridor; East Africa; interconnection

目　录

前　　言

2013年，中国国家主席习近平在出访中亚和东南亚国家期间，提出了共建“丝绸之路经济带”和“21世纪海上丝绸之路”（以下简称“一带一路”）的重大倡议，得到国际社会高度关注。

2015年3月，国家发改委、外交部、商务部联合发布了《推动共建丝绸之路经济带和21世纪海上丝绸之路的愿景与行动》（以下简称“愿景与行动”），其中明确提出了“共商、共建、共享”的原则，提出了“政策沟通、设施联通、贸易畅通、资金融通、民心相通”的合作内容，也提出了打造和建设“新亚欧大陆桥、中蒙俄、中国—中亚—西亚、中国—中南半岛、中巴、孟中印缅”

六大经济走廊的合作构想。

与此同时，自2000年中非合作论坛成立以来，中国与非洲的合作获得了长足发展，成为南南合作的典范。在2015年中非合作论坛约翰内斯堡峰会上，中国提出了夯实“五大支柱”、开展“中非合作十大计划”的发展思路。中非新型战略伙伴关系提升为“全面战略合作伙伴关系”，中非合作将迎来更加美好的未来。

“一带一路”倡议提出至今已有3年时间，“一带一路”建设从无到有、由点及面，进度和成果超出预期。然而，随着六大经济走廊建设的推进和深入，沿线国家所存在的政治风险、投资风险、恐怖主义威胁以及地缘政治风险也越来越多地暴露出来。其中，中亚和南亚成为困难最为集中的地区。

面对风险和挑战，除了坚持战略定力，持之以恒地推进“一带一路”建设外，也需要从宏观上进行梳理分析，为下一步的工作提出优化建议。其中的关键就在于打破“中亚、南亚、非洲”等人为设置的地域概念，提出“一带一路”视野下大统筹、大协调的方案和思路。应当看到，“一带一路”建设与“中非合作”实践相向而行，已经在印度洋的东岸和西岸产生了良好效果。在"一带一路"框架下的亚非对接已经具备基础。

有鉴于此，本报告在系统梳理中亚、南亚和非洲东部沿海地区政治经济发展现状及与中国合作情况的基础上，针对重点风险和挑战，提出"一带一路"视野下重构亚非经济圈的若干建议，以期提供一种较为宏观的综合性思路和参考方案。

一

在"一带一路"框架下的六大经济走廊建设，意味着促进不同国家和地区的互联互通，并在此基础上开展经济、技术、产业、投资、贸易等方面的合作。这六大经济走廊都必然存在于一定的地域内，该地域的政治、经济特点将对经济走廊建设和发展产生巨大影响。因此，本报告采用"经济圈"的概念，以更好地识别中亚、南亚和非洲东部沿海等不同地域的发展特点，以此作为研究和分析的基础。

在本报告中，"经济圈"是指一定区域范围内的经济组织实体的生产布局地域组合形式，主要从该地域的自然资源、经济技术条件和政府的宏观管理出发，组成某种具有内在联系的地域产业配置圈。按照该定义，本报告根据中亚、南亚和非洲东部沿海三大区域中的地区大国和地缘政治形势，识别出“一带一路”视野下的三个重要经济圈。

一是“大中亚经济圈”。包括俄罗斯、伊朗、土库曼斯坦、乌兹别克斯坦、吉尔吉斯斯坦、塔吉克斯坦、哈萨克斯坦、阿富汗和巴基斯坦。二是以中巴经济走廊为引领的“印度洋经济圈”，包括巴基斯坦、埃塞俄比亚、吉布提、乌干达、肯尼亚、卢旺达和坦桑尼亚。三是“孟加拉湾经济圈”，包括印度、马尔代夫、斯里兰卡、孟加拉国、缅甸和印度尼西亚。

划分上述经济圈，主要基于三点原则：一是充分考虑地区大国的现实影响力，如俄罗斯、伊朗、印度等；二是要有利于实现“均势”，即一个经济圈中能够实现大国或主要经济地带的均衡，如此方可保证中国在该经济圈内的外交和经贸合作空间；三是要有助于解决重点问题，尽量不要在一个经济圈中出现大的国际矛盾，例如，因印巴矛盾的存在，所以将两者划入不同的经济圈进行分别考虑。

需要说明的是，本报告的立意在于提供实用的政策建议，因此可能与部分学术观点和划分方法存在不同。

二

众所周知，在国际经贸合作中，政治对经济具有很大影响力，有时甚至起到决定性作用。本报告的创新之处在于，一是并非仅局限于经贸合作领域进行研究，而是重点从地缘政治对国际经贸合作的影响入手开展分析；二是不局限于传统的地缘政治概念，而是尝试对“一带一路”所涉及的诸多地区发展形势进行综合之后提出发展建议。

首先，重视地区大国在区域经贸合作中的作用。地区大国在区域经济格局的整合、区域合作机制及国际关系等诸多方面都发挥着重要作用。俄罗斯和伊朗虽然传统上没有被视为中亚国家，但在中亚地区各国中具有历史、宗教、政治、经济等方面的重大影响力，将其纳入

“大中亚经济圈”，能够更加清晰地看出该地区的发展形势，从而制定相应政策。同理，印度将马尔代夫、斯里兰卡和孟加拉国视为南亚国家，将缅甸和印尼视为东南亚国家，然而在实践中，印度在“孟加拉湾经济圈”的影响力并不因此而存在区别。

其次，在划分每个经济圈时注意“均势”原则。构建经济圈的目的是更好地推进“一带一路”建设，因此在每个经济圈中实现势均力敌，有利于中国作用的发挥。在“大中亚经济圈”中，俄罗斯、伊朗、美国以及中亚五国、巴基斯坦、阿富汗等方可实现复杂的均势架构。在“印度洋经济圈”中，中巴经济走廊与埃塞俄比亚—吉布提走廊、乌干达—肯尼亚走廊、卢旺达—坦桑尼亚走廊共同构成了均势架构。在“孟加拉湾经济圈”中，纳入印尼是为了更好地平衡印度的作用，等等。

最后，注重解决实际问题。如果在一个经济圈中出现较大的国际矛盾，则中国在制定该经济圈政策（包括搭建平台、磋商协调、共建机制等）时会无所适从。印巴矛盾虽然非常重要，但如果将两国纳入同一经济圈，则根本无法制定有关政策，而将巴基斯坦和阿富汗纳入

“大中亚经济圈”，则更有利于统筹协调阿富汗问题的解决。而不把巴基斯坦纳入“孟加拉湾经济圈”，则是规避印巴矛盾带来的阻碍。

三

本报告包括四个主要部分。

第一章为“‘大中亚经济圈’的区域大国和热点问题”。首先分析了俄罗斯在中亚地区的主要战略目标和实现手段，接着对伊朗在伊核协议达成后在海湾国家和中亚方向的拓展进行了梳理，进而对阿富汗和巴基斯坦的安全问题进行了深入研究。在此基础上，结合对中国在该地区战略目标的分析，提出了有关发展建议。

第二章为“以‘四大走廊’为支柱构建印度洋经济圈”。首先分析了中巴经济走廊的发展概况及主要挑战，其中对该走廊的重大项目及下一步发展方向进行了系统论述；接下来对中国在埃塞俄比亚—吉布提走廊、乌干达—肯尼亚走廊、卢旺达—坦桑尼亚走廊的发展情况及主要挑战进行了分析；在此基础上，对以上述四大走廊为支撑构建印度洋经济圈的有关措施进行了展望并提出了建议。

第三章为“推动‘孟加拉湾经济圈’一体化进程”。首先分析了孟加拉湾地区在推进区域一体化方面存在的主要挑战，接着重点对印度在该地区的影响力进行了深入研究。本章还对孟中印缅经济走廊建设面临的困难进行了反思，指出造成挑战的根本原因，在此基础上提出以推动“孟加拉湾经济圈”一体化进程为基础促进孟中印缅走廊建设的有关建议。

最后一章为结论和建议。主要总结了“一带一路”西行所必须面对的主要大国关系和地区热点问题，以及对此的思考和建议。

由于本人水平有限，文中难免出现疏漏和考虑不周之处，也请读者海涵并不吝赐教。

作者于丁酉年除夕

第一章 “大中亚经济圈”的区域大国和热点问题

中国新疆以西的俄罗斯、“中亚五斯坦”（哈萨克斯坦、吉尔吉斯斯坦、塔吉克斯坦、土库曼斯坦和乌兹别克斯坦）、伊朗、阿富汗、巴基斯坦等国家和地区对于“一带一路”建设至关重要，这一区域不仅是“丝绸之路经济带”和“21 世纪海上丝绸之路”的关键通道，同时对中国的国土和边疆安全、能源安全以及国际产能合作均有非常重大的意义。事实上，当我们以一个更为宽广的视角来看待这一问题时就会发现，由于历史因素和地缘政治等原因，这一地区不仅是中美俄等大国博弈的较量场，也是宗教、民族、资源、地域等各种矛盾错综复杂的战略要地。

总体而言，该地区区域大国关系和热点问题可以分为三个部分加以考量：一是俄罗斯凭借欧亚同盟、集体安全条约组织以及其他手段对中亚五国在经济、能源、安全等方面形成了很强的影响力，必须加以重视；二是伊朗虽然在地域上属于中东国家，但近年来国际形势的变动使伊朗也会将中亚地区作为其重点发展方向之一，尤其是对塔吉克斯坦、阿富汗、巴基斯坦等国影响很大；三是在阿富汗、巴基斯坦和塔吉克斯坦中，虽然阿、巴两国传统上被视为南亚国家，但其与大中亚地区的关系实际上更为紧密，同时这三个国家受“三股势力”（暴力恐怖势力、民族分裂势力和宗教极端势力）影响最大，这一问题也对中国构成最直接和紧迫的威胁。有鉴于此，本报告建议将上述国家和地区全部纳入“大中亚经济圈”进行统筹考虑。本报告将对前述三个部分的情况逐一进行分析，并提出相应的对策建议。

一　俄罗斯在该地区影响力不容小觑

"中亚五斯坦"曾经是苏联重要的战略腹地和能源原料基地，掌控中亚，意味着西可控制伊朗、染指中东，东可控制阿富汗、巴基斯坦，进入南亚。苏联解体后，中亚地区出现了短暂的真空期，但美、俄旋即先后开始在该地区增强影响力。对于俄罗斯而言，中亚地区是具有重要战略意义的地缘政治板块，因此经略中亚是拓展后苏联空间的重要内容和连通欧亚、确保国家安全和利益的重点战略。

（一）俄罗斯在中亚地区的主要战略目标

相较苏联，俄罗斯的西部地缘政治空间在冷战结束后急剧压缩，一是损失了多年扩张获得的战略缓冲地带，二是失去了很多波罗的海和黑海的出海口，三是对里海区域大陆架自然资源失去控制力。对于俄罗斯而言，其在中亚地区的政治、安全和经济方面的主要战略目标包括如下几点。

第一，防止美国在中亚扩张势力。冷战结束初期，美国在中亚地区通过经济援助、经贸及能源合作等手段推行其“民主制度”，目的在于防范俄罗斯获得对中亚的领导权。20 世纪 90 年代后期，美国开始在中亚进行扩张，其标志为 1997 年美国正式宣布中亚为其战略利益区。[①] 此后，美国通过在军事上拉拢乌兹别克斯坦加入北约“和平伙伴”、推进土库曼斯坦与其他里海区域国家签订油气管线协议以及对反恐活动提供援助等方式加大了对中亚地区的渗透。“9·11”事件后，美国加大了对中亚的扩张力度，通过使用乌兹别克斯坦军事基地以及在吉尔吉斯斯坦设立玛纳斯军事基地等方式为其进行阿富汗战争提供战略支持，并通过外交、外援等方式积极拉拢中亚国家。时任美国总统奥巴马宣布阿富汗战争结束之后，美国虽然部分撤出其军队，但仍然将中亚视为战略要地。2015 年 10 月，美国国务卿克里遍访中亚五国，与五国外长于撒马尔罕召开“C5 + 1”会议，通过

① 万光:《美国的新中亚战略》，载于《现代国际关系》1997 年第 11 期，第 14 页。

建立伙伴关系、提供军事援助、援建大型工程等方式保持和扩大影响力。①

俄罗斯深知，中亚五国都不同程度地在美俄之间进行平衡外交，一旦美国掌控中亚，必然对其地缘政治空间形成巨大压力。美国新任总统特朗普的中亚政策虽然还未完全成型，但鉴于中亚地区拥有重要的战略位置和可观的油气资源，以及在美国全球反恐战略中具有的重要作用，美国不会轻易停止其在中亚的扩张和渗透。因此，俄罗斯将美国在中亚的势力视为对其国家核心利益的重大威胁，必将不断通过军事、外交、经济等手段加强其对中亚的影响力。

第二，掌控中亚地区油气资源。在中亚五国中，哈萨克斯坦和土库曼斯坦油气资源最为丰富。其中，哈萨克斯坦陆上石油探明储量为50亿吨左右，天然气3.5万亿立方米；土库曼斯坦天然气远景储量26.2万亿立方米，居世界第四位。乌兹别克斯坦油气能够自给自足且

① 苏畅：《乌兹别克斯坦》，载于孙力、吴宏伟主编《中亚国家发展报告（2016）》，社会科学文献出版社2016年版，第362页。

部分出口，其石油探明储量为5.84亿吨，天然气2.1万亿立方米。此外，里海地区油气资源丰富，据目前估算，石油储量可达2000亿桶，天然气458.8万亿立方米，被称为“第二个中东”①。目前里海油气资源开发的有关权益划分问题尚未确定，对俄罗斯而言，要在未来的里海开发中占据主动，在里海沿岸五国（包括俄罗斯、伊朗、哈萨克斯坦、土库曼斯坦和阿塞拜疆）中搞好与哈、乌两国关系非常重要。吉尔吉斯斯坦和塔吉克斯坦两国油气资源匮乏，能源依赖进口，但两国处于跨国油气管网枢纽地带，并且在地缘政治格局中能发挥较大作用。

俄罗斯自身就是能源生产大国，但面对中亚尚未开发的巨量油气资源潜力，俄罗斯的战略目标包括以下几个层次：一是协调和掌控中亚国家在国际市场上的竞争，使之不至于影响俄经济利益；二是利用自身优势，影响地区油气运输管线建设，从而维持俄罗斯作为中亚能源过境国的地位，保证其在中亚能源运输领域的控制力；

① 商务部：《对外投资合作国别（地区）指南（2016）》，引自哈萨克斯坦和土库曼斯坦卷，商务部网站，http://fec.mofcom.gov.cn/article/gbdqzn/，最后登录于2017年1月1日。

三是掌控中亚地区油气产业链，并使俄始终居于价值链高端，从而获得高额投资回报；四是利用政治和军事战略资源优势，在里海—中亚地区下一步的油气资源大开发中占据主动地位。因此，俄罗斯在中亚地区油气资源问题上将始终致力于保持主导地位并获得战略优势。

第三，防止“三股势力”对俄的损害。中亚五国南临巴基斯坦、阿富汗等国际反恐前线国家，从地理位置上可能成为“三股势力”北上通道，从而威胁俄国土安全。从“三股势力”在中亚五国的生成发展过程来看，目前其在该地区羽翼逐渐丰满有其必然性。一是苏联错误的民族、宗教政策为中亚各国独立后错综复杂的矛盾形势埋下伏笔；二是苏联解体后，该地区出现了意识形态真空期，各种极端思想得以乘虚而入；三是美国在该地区推动“民主化”给“三股势力”发展提供了体制上的“沃土”；四是“伊斯兰国”在当地的发展使“三股势力”发展具有了新的特点。当然，最为关键的就是由于历史和现实原因导致中亚五国经济和社会发展相对滞后，贫穷和落后为极端思想和恐怖主义造就了发展的土壤。

俄罗斯深知在中亚地区打击“三股势力”对其国土安全的极端重要性，尤其是2016年年底在叙利亚阿勒颇战役之后，“伊斯兰国”正在从伊、叙地区向外扩散，并很有可能以俄罗斯为目标，以中亚地区为根基形成新的攻击力量。然而在此问题上，俄罗斯却很难与美国开展实质性的合作，其根本原因在于美国会以“反恐”为由继续加大在该地区的扩张力度，从而加重对俄西部地缘政治空间的挤压，而中亚五国若获得在大国间平衡的更大空间，则无疑将加重俄罗斯的外交负担。面对该地区非传统安全威胁日渐增加的形势，俄可能的战略选项包括与中国及中亚五国加强军事安全合作、加快支持区域经济发展等。

（二）俄罗斯实现战略目标的主要手段

在经历了苏联解体后的阵痛后，俄罗斯国力稍有恢复便将扩大在中亚地区的影响力作为战略重点，通过不断推进集体安全条约组织和欧亚经济联盟建设，以及不断加强与中亚各国的政治经济合作等方式保证其战略目标的实现。

第一，俄通过集体安全条约组织建设应对传统和非传统威胁。集体安全条约组织（以下简称"集安组织"）前身为签订于1992年5月的独联体集体安全条约。2002年，俄罗斯、亚美尼亚、白俄罗斯、哈萨克斯坦、吉尔吉斯斯坦、塔吉克斯坦等缔约国决议将其改为集安组织。该组织成立之初的主要目的是建立集体安全机制以填补苏联解体之后出现的"防务真空"，其主要机制不仅包括俄为成员国提供"核保护"，还包括组建联合力量、抵御威胁和干预冲突等多个方面。随着中亚地区非传统安全威胁的上升，集安组织在中亚又肩负起打击"三股势力"、打击毒品犯罪、联合应对紧急情况和技术事故以及打击非法移民等任务。集安组织中亚快速反应部队由哈、吉、俄、塔各出一个营的兵力构成，并在军事装备和人员培训等多个方面开展合作。①

俄罗斯投入巨大资源推动集安组织建设的主要目的是维持和扩大其在独联体范围内的影响力和控制力，这

① 李世强：《上海合作组织与独联体集体安全条约组织的安全职能比较》，《法制与社会》2009年第32期，第202页。

一战略目标在实践中也部分得以实现。一是中亚国家将该组织视为保卫本国领土完整和安全的有效力量，希望通过与俄罗斯建立统一的防御空间来保障自身安全。二是俄通过集安组织的军事与安全合作达到了拉拢中亚国家的目的，例如在2005年发生“安集延事件”后，乌兹别克斯坦迅速在政治和外交上投向俄罗斯，并于次年加入集安组织。三是俄通过集安组织达到了制约北约、遏制美国的作用，尽管哈萨克斯坦、乌兹别克斯坦等国与北约存在合作关系，但由于军事装备、资源投入及地缘因素等多方面原因，集安组织成员国在与两大体系合作过程中基本还是站在俄罗斯一边。① 四是集安组织也成为俄在中亚应对非传统威胁的重要平台，尤其自2015年阿富汗安全形势恶化以来，俄罗斯增加了对塔吉克斯坦的军事支持，当年10月塔总统拉赫蒙访俄之后，俄增加了军事支持的力度，而塔国防部部长也于当年12月宣布支持俄在叙利亚的反恐行动。

① 赵常庆、张宁：《集体安全条约组织》，《中亚合作机制研究》，世界知识出版社2009年7月，第51页。

第二，俄通过欧亚经济联盟建设提升在中亚的经济影响力。苏联解体后，欧盟势头凶猛的东扩进程使得俄罗斯成为欧洲一体化的局外旁观者，这也迫使俄罗斯放弃融入欧洲并转而加速整合后苏联空间。2007 年 10 月，俄罗斯、白俄罗斯、哈萨克斯坦三国宣布将在欧亚经济共同体框架内建立关税同盟，并于 2009 年 11 月签署了《关税同盟海关法典》等重要基础性文件。2010 年 1 月 1 日，俄白哈三国关税同盟启动运行，并陆续取消相互间的海关，形成了统一关境；通过建立共同对外关税，形成共同贸易政策，取消同盟内关税和非关税壁垒以及促进商品自由流动等措施，该关税同盟得以不断强化。经过近 2 年的运行，2011 年 11 月，俄白哈三国签署《欧亚经济一体化宣言》等重要文件，宣布创建“统一经济空间”并于次年 1 月 1 日正式启动。这不仅意味着以俄罗斯为主导的超国家机构欧亚经济共同体跨国委员会开始发挥作用，也意味着俄白哈三国将形成商品、资本、技术、劳动力和服务等自由流动的共同市场，从而为建立欧亚经济联盟奠定基石。在此基础上，俄白哈三国又于 2014 年 5 月签署《欧亚经济联盟条约》并于次年 1 月

1日启动该联盟，其后吸收亚美尼亚和吉尔吉斯斯坦入盟。①

通过欧亚经济联盟的建立过程可以看出，俄罗斯已经极其迅速又稳扎稳打地构建了跨欧亚经贸合作机制和平台并加强了其在中亚的影响力。首先，通过联盟构建，俄罗斯显示了其整合后苏联空间的战略导向和坚定信念。虽然前期经过包括乌克兰退出在内的一系列并不成功的尝试，但俄罗斯能够在短短8年时间中完成关税同盟、统一经济空间和欧亚经济联盟的“三步走”，这无疑展示了俄罗斯在区域格局构建方面的超凡实力。其次，欧亚经济联盟抢位迅速、卡位准确，显示出俄罗斯的战略判断能力。在亚太经济圈和欧洲经济圈之间迅速建立共同市场和关税同盟，说明俄具备准确预判世界经济发展格局并抓住关键环节抢占制高点的战略制定和执行能力，而欧亚经济联盟的构建也为俄罗斯与欧洲（通过亚美尼亚、白俄罗斯两国）和亚洲（通过哈萨克斯坦、吉尔吉

① 富景筠：《欧亚经济联盟的历史演变过程、动因及趋势》，《丝绸之路经济带与欧亚经济联盟：如何实现战略对接?》，社会科学文献出版社2016年4月，第10页。

斯斯坦两国）的两翼合作打开了空间。最后，俄罗斯通过占据欧亚经济联盟的主导地位，将其地区影响力机制化。俄不仅在欧亚经济共同体跨国委员会发挥主导作用，也在关税收益、标准和规则制定、立场和政策协调等诸多方面引领欧亚经济联盟开展工作，能够有效通过该多边合作机制维护和扩大其影响力和控制力。

第三，俄通过双边外交保持和提升在中亚的影响力。一方面，哈、吉、塔三国是俄罗斯在中亚五国中的重点外交对象。哈萨克斯坦是中亚最大的国家，俄是哈最重要的贸易伙伴之一，哈也是俄在独联体国家中的第三大贸易伙伴；2014 年，两国签署《俄哈 21 世纪睦邻友好同盟条约》，在加强政治对话的同时，提升双方在经贸、交通、水利、军事、人文等方面的合作；2015 年 7 月和 10 月，哈总统纳扎尔巴耶夫和俄总统普京进行互访，双方在经贸、投资、能源等方面的合作得到提升。[①] 俄对吉外交目标非常明确，即在强化经贸合作、提供对外援助

① 王聪：《哈萨克斯坦》，载于孙力、吴宏伟主编《中亚国家发展报告（2016）》，社会科学文献出版社 2016 年 6 月，第 295 页。

的同时，保持军事、外交方面的密切关系。由于吉资源相对匮乏，在进口燃料、劳务输出等方面非常依赖俄罗斯；俄加强对吉水利电力领域投资，并通过“债转股”等方式加强对吉大型国防企业的控制；2015 年，俄出资建立吉—俄发展基金会，向吉诸多领域提供融资；俄坚决反对在吉的“颜色革命”，使吉在政治上更加信赖俄；美国在吉军事基地问题上，俄同样态度坚决，通过综合手段使吉关闭了美国玛纳斯军事基地，并在奥什建立俄军事训练中心。[①] 塔、俄两国在军事方面合作渊源深厚，俄罗斯从塔独立起就一直保持在塔驻军以抵御阿富汗混乱局势的影响，近年来塔、阿边境安全形势恶化，俄加大了对塔的军事支持力度，两国军事同盟水平将不断提升；同时，俄通过对塔水利电力领域加强投资，如桑格图金 1 号水电站、罗贡水电站等，以及增加对塔有色金属领域投资等方式加强对塔的经济影响力。[②]

① 徐海燕：《吉尔吉斯斯坦》，载于孙力、吴宏伟主编《中亚国家发展报告（2016）》，社会科学文献出版社 2016 年 6 月，第 309 页。

② 王明昌：《塔吉克斯坦》，载于孙力、吴宏伟主编《中亚国家发展报告（2016）》，社会科学文献出版社 2016 年 6 月，第 324 页。

另一方面，俄罗斯与乌、土两国在军事方面合作有限，因此重视以能源和经贸为手段保持影响力。乌兹别克斯坦在外交方面颇为独立，始终在俄罗斯和美国及西方国家间保持平衡；乌不仅没有参加集体安全合作条约组织，在欧亚经济联盟也已经“两进两出”；虽然如此，俄依然重视通过能源和经贸手段发展对乌关系，发展乌加入独联体自由贸易区，两国在油气开发、机电轻工、机械制造、建材化工和食品加工等领域都有合作。土库曼斯坦是中立国家，俄积极发挥能源外交加强对土影响力，包括推动俄、土、哈、乌油气管道以及参与土里海天然气开发等。但是，俄非常警惕乌、土两国关系走近，2015年10月，土总统别尔德穆哈梅多夫访乌商讨加强安全合作事宜后，俄、土关系急转直下，俄罗斯宣布自2016年起不再从土进口天然气，并同乌建立天然气合作关系。

二　伊朗将中亚作为其重点发展方向之一

2015年7月，伊朗与中国、美国、俄罗斯、英国、法国、德国达成了伊核问题的全面协议，伊朗开始迎来新的变化。伊核协议生效一年来，尽管其执行过程还存在重重变数，国际经贸合作因美国制裁因素开展得并不顺利，但伊朗已经开始为拓展其国际空间进行活动。从地缘政治角度看，与伊朗北方相邻的国家和地区基本处在俄罗斯影响力控制下，其南部是印度洋，因此伊朗只能向东、西两个方向拓展地区影响力。除了在黎巴嫩、叙利亚等国继续支持军事行动外，伊朗也积极发展与海湾国家的关系。同时，伊朗与阿富汗、塔吉克斯坦及巴基斯坦之间有历史渊源和现实影响力，下一步也会将中亚作为其重点发展方向之一。

（一）伊朗向海湾国家的“西进”策略

伊核协议达成一致后，海湾国家与伊朗之间的关系并未大幅缓和。由于存在教派冲突，再加上伊朗是中东大国，发展潜力巨大，又不断支持哈马斯、真主党、叙利亚巴沙尔政府和海湾国家反对派，海湾国家从心底担心伊朗崛起后重构中东地区的安全秩序。在 2016 年年底阿勒颇之战后，海湾国家这种担心进一步加剧。在此情况下，伊朗一方面积极拓展在伊拉克的影响力，发展同卡塔尔、阿曼、科威特的关系，但同时也面临沙特、阿联酋、巴林等国的抗拒。总体上伊朗与海湾国家既有合作又有对抗，其“西进”策略不会停止但阻力很大。[①]

第一，伊朗将伊拉克作为突破口。美军撤离伊拉克后，伊朗将伊拉克作为其中东关系的突破口，而伊拉克面对战后百废待兴的困境，也对伊朗采取合作态度。2013 年伊朗总统内贾德访问伊拉克后，两国关系进入高速发展期。在政治与外交层面，两国在经济、卫生、文化、军事等方面互动频繁、成果显著，双方在双边、多边场合对地区和国际重大问题进行会谈和政策协调。2015 年 5 月，伊朗最高领袖哈梅内伊接见了来访的伊拉克总理海德尔·阿巴迪，随后表态支持伊拉克打击“伊斯兰国”。在经贸合作方面，双方将联合建设巴士拉港及周边互联互通基础设施等；伊拉克已成为伊朗第二大出口对象国。此外，双方在宗教、文化等方面渊薮深厚，

① 赵小玲：《伊朗与海湾国家的关系》，载于冀开运、陆瑾等主编《伊朗发展报告（2015—2016）》，社会科学文献出版社 2016 年 9 月，第 165 页。

伊拉克古城卡尔巴拉是伊斯兰教什叶派圣地之一，每年朝觐期间都有大量什叶派穆斯林前往该地。当然，两伊关系几经跌宕起伏，修复还需要一个很漫长的过程，迅速形成同盟或准同盟关系并不现实。

第二，积极发展与卡塔尔、阿曼和科威特的外交关系。卡塔尔在海湾国家中对伊朗态度相对较为友好，在海湾合作委员会中始终提倡与伊朗展开对话。伊核协议达成后，伊朗加大了对卡塔尔的外交力度。继2015年3月伊朗议长拉里贾尼访问卡塔尔并会晤卡塔尔埃米尔、卡塔尔议长，表达了合作意愿之后，鲁哈尼总统又于7月开斋节之际与卡塔尔埃米尔通电话，表达了改善周边关系、开展政治协商、促进地区稳定、打击恐怖主义等方面的意愿并得到卡塔尔埃米尔的积极回应。其后，卡塔尔在联合国及海湾合作委员会等场合，为促进伊朗与海湾国家的对话做出大量努力。在经贸关系方面，卡塔尔是伊朗重要的出口对象国，其农产品、工艺品及畜牧产品等均大量销往卡塔尔市场。同时也应看到，叙利亚问题是伊、卡之间主要分歧所在，短时期内伊、卡关系很难有大幅度的提升。

伊朗与阿曼的关系始终比较友好。在海合会成员中，阿曼是唯一没有参与也门战事的国家；同时，在2014年于阿曼举行的伊核问题六方会谈中，阿曼发挥了非常积极的作用。2015年，伊、阿保持部长级对话，并重新划定了海上边界，为两国关系发展奠定了基础。在8月举行的海合会外长会议上，阿曼对卡塔尔提出的与伊朗对话的建议持欢迎态度。

伊朗总统鲁哈尼上台后很重视发展与科威特关系，在访科时与科威特埃米尔达成一系列合作协议，双方在投资、金融、旅游等方面开展合作。2015年伊朗经济部部长和外长均访问科威特并拜访科威特埃米尔，双方在地区和平与安全以及经贸合作方面达成诸多共识。然而，2015年8月科威特捣毁一个军火集团并宣称其与伊朗及真主党有关，这一事件为两国关系蒙上了阴影。应该看到，科威特在沙特和伊朗之间，保持与各方的平衡关系是目前的外交选择。

第三，伊朗与沙特等国的矛盾短期内难以缓和。自伊朗伊斯兰革命之后，沙特就将伊朗视为中东地区的竞争对手，美国、俄罗斯等域外大国也参与到伊、沙矛盾纷争中。2015 年以来，因麦加米纳峡谷朝觐踩踏事故和沙特处决什叶派教士尼姆尔等事件，伊、沙关系水平不断下降，2016 年 1 月，沙特宣布与伊朗断绝外交关系。而真正导致两国关系破裂的重大原因则在于也门和叙利亚的战局。在也门，伊朗支持的胡塞武装与沙特领导的联军之间于 2015 年 3 月发生激烈冲突，随后伊、沙两国关系迅速恶化。而在叙利亚，伊朗和黎巴嫩真主党均派遣军队与叙利亚政府军并肩作战，而沙特则支持叙利亚反政府武装；阿勒颇之战后，叙政府军占据上风，极端组织遭到沉重打击，伊、沙关系短期内很难有起色。还应指出的是，伊、沙关系并非只是局限于中东地区，在阿富汗、巴基斯坦等国，伊朗和沙特之间也直接或间接地存在不同程度的矛盾，这必然会对伊朗在中亚地区的行动造成影响。

此外，阿联酋、巴林等海湾国家对伊朗也保持抗拒和冷淡的态度。伊朗与阿联酋之间存在岛屿争端，双方几乎没有政治层面的互动。但伊朗依然积极同阿联酋开展经贸层面的合作，如 2015 年 6 月派出总统特使阿里·泰伯尼会见阿联酋副总理谢赫曼苏尔，邀请阿联酋开展天然气合作并强调发展两国关系。实际上，阿联酋是伊朗最大的贸易伙伴之一，而伊朗也是阿联酋重要的旅游收入来源，因此两国关系“政冷经热”，不会发生太大的波动。伊朗与巴林有深厚的历史渊源，对巴林国内局势也有较大影响力，因此巴林政府始终对伊朗抱有怀疑态度。2015 年 5 月，伊朗最高领袖哈梅内伊发表演讲称“也门、巴林和巴勒斯坦人民是受压迫人民”，遭到巴林的强烈抗议。随后，巴林召回了驻伊朗大使，并驱逐了伊朗驻巴林外交官。2016 年 1 月，巴林宣布同伊朗全面断交。

（二）伊朗向中亚地区的发展趋势

伊朗与中亚各国自古就有渊源，古伊朗各王朝中包括阿类美尼德王朝、萨珊王朝和沙法维王朝等都曾将统治范围拓展至中亚，蒙古帝国时期伊利汗国也曾统治伊朗和中亚。时至今日，伊朗、阿富汗和塔吉克斯坦还保留同样的语言；在塔吉克斯坦、阿富汗和巴基斯坦境内的什叶派穆斯林仍然与伊朗有着各种联系。从冷战时期开始，伊朗就从未停止过以阿富汗为核心向中亚发展和扩张影响力的努力。①

冷战期间，里海周边及中亚地区只有苏联和伊朗两个国家，伊朗通过“输出革命”的方式在阿富汗扶植亲伊势力，但囿于有限的国力及阿富汗什叶派力量弱小等原因，其影响力十分有限。冷战结束后，伊朗实施以阿富汗为核心的中亚战略，同沙特和巴基斯坦开展在阿富汗的争夺；在此过程中，伊朗不仅支持阿富汗伊斯兰统一党，也支持过拉巴尼政府及杜斯塔姆、伊斯梅尔汗、希克马蒂亚尔等军阀。这一阶段伊朗中亚政策的主要目标是通过结束阿富汗危机，形成一个稳定、强大而亲伊的阿富汗政权，排除沙特、巴基斯坦和美国在中亚地区的影响力，并通过与俄罗斯保持良好关系，维系和扩大伊朗在中亚的影响力。②

从20世纪90年代中期开始，阿富汗塔利班（“阿塔”）开始崛起，伊朗也随之调整了在阿富汗的外交策

① 金良祥：《后协议时代伊朗与大中亚地区的关系探析》，《新疆社会科学》2016年第4期，第79页。

② 曹翀：《当代伊朗与阿富汗关系探析（1979—2009）》，硕士学位论文，西南大学2011年4月，第10页。

略。在塔利班政权崛起初期，得到了美国、沙特和巴基斯坦的支持，并带有很强的反伊朗倾向。除了向阿富汗塔利班组织提供军事和资金支持外，美国、沙特和巴基斯坦还推动建设土库曼斯坦—阿富汗—巴基斯坦输油管道。对于伊朗而言，如果出现一个反伊政权，并且打通了里海至巴基斯坦的能源通道，则意味着其东部地缘政治空间受到了严重的压制。因此，伊朗同俄罗斯、印度一起支持北方联盟，伊朗提供了大量的军事及经济援助。然而在 1998 年塔利班绑架并杀害 8 名伊朗外交官和 1 名记者后，尽管在伊、阿边境集结了 20 万大军，但伊朗并未发动大规模军事进攻，由此也可以看出伊朗并未将大规模军事介入阿富汗作为战略选项。虽然如此，伊朗绝不会坐视由反伊的塔利班组织控制阿富汗。

“9·11”事件之后，阿富汗形势发生了有利于伊朗的根本性变化。不仅美国将塔利班作为反恐对象施加军事打击和经济制裁，巴基斯坦也在对待塔利班的问题上大幅度转向并与伊朗修复了关系，沙特也不再继续保持对塔利班的支持力度。在此情况下，伊朗在阿富汗问题上开始与美国进行合作。在推翻塔利班政权的过程中，伊朗及其支持的北方联盟与美国在军事方面互相配合，伊朗甚至允许美国通过其领土向阿富汗运送食品和人道物资。在建立阿富汗新政权过程中，伊朗参与了2001年由美国主导的波恩进程并发挥了积极作用；为打消巴基斯坦的顾虑，伊朗还放弃了对拉巴尼临时政府的支持，并向伊斯梅尔汗施压，以支持美国属意的总统候选人卡尔扎伊。

尽管在阿富汗新政权建立后，美、伊之间短暂的“蜜月”即随之破裂，但伊朗的策略选择是加大对阿富汗重建的支持。在2002年1月的东京会议上，伊朗提供了5.7亿美元用于阿富汗重建；在同年2月的伦敦会议上伊朗又增加了1亿美元。伊朗对阿富汗战后策略的目标是在伊、阿边界阿富汗一侧建立“经济势力范围”，形成东部缓冲区以及解决难民、毒品、非法移民等问题。其主要措施包括：修建伊朗至阿富汗境内赫拉特省的公路和铁路，并大量投资赫拉特省的道路交通、农业、电力、教育等，向赫拉特省提供电力供应并将该地区打造为阿富汗工业中心。与此同时，伊朗还加大了向赫拉特省的文化输出，例如支持当地清真寺、组织朝觐、促进伊斯兰文化发展等。

2015年伊核协议的达成，意味着伊朗鲁哈尼政府在很大程度上化解了以美国为首的国际社会对伊朗长达12年的政治压力。然而，鲁哈尼政府仍然面临多重挑战：其一，伊核协议尽管已经达成并生效，但其执行过程依然充满变数。美国新任总统特朗普在竞选期间就宣称要延长对伊朗的制裁期限，而除了核问题外，美国仍然可以借导弹、人权等问题为由重新对伊朗进行制裁。因此，利用伊核协议达成后的宝贵时机，迅速形成对己有利的地缘政治格局是伊朗的不二选择。其二，俄罗斯在中亚地区已经构建了以集体安全条约组织和欧亚经济联盟为双轮驱动的影响力模式，无论在军事安全还是经济发展方面，俄罗斯对该地区的影响力和控制力都非常重要，在此情况下，加强与俄罗斯的合作势在必行。而伊、俄两国在叙利亚战场的战略配合也无疑使两国合作的基础更为扎实。其三，自2015年以来，阿富汗安全形势急剧恶化，对伊朗的东部边境造成极大的威胁，同时也必然遏制其向东进行影响力的扩张。而目前在该地区以安全问题为目标的最重要多边机制就是上海合作组织。因此，伊朗在加入上合组织方面仍然需要加快步伐。其四，中国的“一带一路”倡议在中亚地区乃至全球范围内都产生了巨大的影响力，最为重要的是通过“一带一路”建设为伊朗东部地缘政治关键区域带来了发展机会和希望。在此情况下，如何与中国开展“一带一路”对接，共享“一带一路”发展成果，成为伊朗东向外交政策不得不关注的重大问题。近年来，伊朗在东向拓展方面的举措主要集中于四个方向。

第一，要求加入上海合作组织。伊朗一直将加入上合组织作为既定外交政策，并积极参加上合组织活动；然而在伊核协议达成前，上合组织成员国并未将吸纳伊朗列入议事日程，协议达成后，伊朗明显加快了申请进入上合组织的步伐。伊朗的工作重点首先是俄罗斯，自2015 年俄总统普京访伊之后，俄、伊之间在叙利亚问题及其他国际问题上的合作水平明显提升。2016 年 2 月，伊朗最高领袖阿里·哈梅内伊的政治顾问阿里·阿克巴尔·韦拉亚访俄并拜会俄总统普京之后表示：“俄罗斯支持伊朗成为上海合作组织的全权成员国，伊朗加入上合组织这一建设性友好联盟的前景非常明朗，我们将能够展示本国面对美国和北约扩张政治的坚定性。"[①] 2016年，伊朗还加大了与中国周边国家的沟通力度。伊总统鲁哈尼在12月访问吉尔吉斯斯坦期间，两国签署了《吉伊2016—2026年长期合作纲要》，确定了两国未来10年的务实合作框架；吉尔吉斯斯坦总统阿坦巴耶夫表示，支持伊朗加入上海合作组织的意愿，并建议在相关框架下修建中国—吉尔吉斯斯坦—乌兹别克斯坦—土库曼斯坦—伊朗铁路。鲁哈尼总统于同月访问哈萨克斯坦，也向哈方提出希望加入上合组织，哈总统纳扎尔巴耶夫表示在这一问题上将对伊朗提供帮助。[②]

第二，实现与欧亚经济联盟互联互通。在此问题上，俄罗斯首先伸出了"橄榄枝"。2015年11月，俄罗斯总统普京在德黑兰出席第三届天然气出口国论坛峰会时称，俄罗斯领导的欧亚经济联盟（EEU）将研究

---

① 腾讯新闻：《中俄均支持伊加入上合组织》，腾讯网，http://news.qq.com/a/20160207/007256.htm?pgv_ ref=aio2015_ sogou，2016年2月7日。

② 中新网：《伊朗总统对吉进行访问 吉总统称支持伊加入上合》，中国新闻网，http://news.cctv.com/2016/12/24/ARTIfiD80plWkHNU0bmUYLBD161224.shtml，2016年12月24日。

与伊朗建设自由贸易区的可能性。2016 年 12 月，鲁哈尼总统在访问吉、哈两国期间，均表示伊朗拟扩大同欧亚经济联盟的关系，愿与欧亚经济联盟签署自贸协定，吉、哈两国均对此表示支持；同时，亚美尼亚等欧亚经济联盟国家也对伊朗入盟持欢迎态度。2016 年年底召开的欧亚经济联盟国家元首莫斯科峰会对伊朗入盟等问题进行了讨论，并批准了与伊朗、印度、埃及和新加坡的自贸区谈判。根据欧亚经济委员会分析，如联盟与伊朗签署自贸区协定，可使俄罗斯 GDP 增长 13 亿美元、哈萨克斯坦增长 5.1 亿美元、白俄罗斯增长 7860 万美元、亚美尼亚增长 2700 万美元、吉尔吉斯斯坦增长 1200 万美元。①

第三，积极促进里海沿岸国家间合作。里海油气开发合作将会对世界能源格局产生重大影响，伊朗是里海沿岸五国（其他四国为俄罗斯、哈萨克斯坦、土库曼斯

① 驻俄罗斯联邦经商参处：《欧亚经济委员会贸易委员谈与伊朗等 4 国自贸区给联盟国家带来的益处》，商务部网站，http：//www. mofcom. gov. cn/article/tongjiziliao/fuwzn/oymytj/201701/20170102496083. shtml，2016 年 12 月 30 日。

坦、阿塞拜疆）的重要成员。近年来，伊朗在里海问题上一直持积极态度。在伊朗以及周边国家的共同努力下，伊朗—土库曼斯坦—哈萨克斯坦铁路于 2014 年 12 月通车，成为伊朗与里海沿岸国家之间的交通命脉。在里海地区资源份额分配和法律地位问题上，伊朗也做出了很大让步，以此来促进沿岸国家间的合作。里海沿岸五国从 2002 年起组建"里海沿岸五国首脑峰会"合作组织，旨在协商利用和开发里海资源。在 2002 年、2007 年、2010 年和 2014 年的前四届峰会上，俄哈土等国家立场较为一致，而伊朗则坚决主张按各占 20% 的份额平分里海，且坚决反对在双边基础上磋商里海法律地位问题。而在 2016 年 7 月，里海沿岸五国元首在俄罗斯阿斯特拉罕签署了《关于里海法律地位问题的联合政治声明》，同时就水文气象合作、紧急情况应对等问题签署了协议。这是里海沿岸五国首次达成规定基本合作原则的政治性声明，对里海油气资源开发具有重要意义。同时，这也意味着在里海油气资源开发问题上，俄罗斯的主导权进一步增大。①

第四，加强与阿富汗和巴基斯坦的合作。阿富汗作为伊朗中亚外交的核心对象，成为伊东向外交的重中之重，同时鉴于巴基斯坦在地区事务中的重要作用尤其是与中国的特殊关系，伊朗也重视与巴基斯坦在“一带一路”建设及解决阿富汗问题等方面开展合作。2015 年 4 月，阿富汗总统加尼访问伊朗，双方在打击极端主义和恐怖主义、打击毒品走私、解决难民问题以及加强农业合作等方面达成了诸多共识，伊朗最高领袖哈梅内伊在接见加尼时指出：“伊朗是阿富汗兄弟的家园，伊朗与阿富汗之间存在的问题，例如移民、水资源、运输和安全等问题都能得到解决。”② 2016 年 3 月，伊朗总统鲁哈尼访问巴基斯坦并会见巴总统谢里夫，鲁哈尼表示支持中巴经济走廊建设，阿富汗、巴基斯坦与伊朗三国机制对

① 国际在线：《里海沿岸五国外长会议在哈萨克斯坦举行》，新华网，http：//news. xinhuanet. com/world/2016 - 07/14/c _ 129146416. htm，2016 年 7 月 14 日。

② 人民网：《阿富汗总统结束访问伊朗 两国将联手打击恐怖分子》，2015 年 4 月 21 日，http：//world. people. com. cn/n/2015/0421/c157278 - 26882008. html。

阿富汗局势发挥着重要作用，两国决定开放两个新的边境口岸，并加强瓜达尔港和伊朗查赫巴尔港之间的陆路与海路联系。[①] 此外，伊朗准备向巴基斯坦出口电力及天然气，并积极推动有关基础设施建设和协议谈判等工作。

三 阿富汗和巴基斯坦安全问题的长期性和复杂性

自阿富汗塔利班政权被推翻以来，阿国内局势始终未能完全恢复平静。巴基斯坦则同时面临着巴基斯坦塔利班组织、俾路支民族主义势力等带来的安全威胁。同时，“伊斯兰国”在伊拉克和叙利亚战场的失利导致恐怖主义的全球扩散，如果阿、巴安全问题长期得不到解决，该地区很有可能成为国际恐怖组织的新基地。然而，从历史和现实的各种因素来看，阿、巴安全问题难以在短期内解决。

---

① 张琪：《鲁哈尼首访巴基斯坦 展开“能源外交”》，《中国能源报》，2016 年 4 月 4 日第 8 版。

（一）阿富汗安全问题困境

当前，阿富汗局势的现实状况是，阿富汗塔利班组织仍然控制着其国内部分地区，并不断进行反政府、反西方的军事袭击。在阿政府和塔利班组织控制的区域内，又存在着截然不同的社会管理秩序，部分地方还因各种利益集团割据导致社会秩序的碎片化。同时，自 2014 年美国和北约开始从阿富汗撤军以来，阿安全局势急遽恶化，这也迫使美国推迟撤军进程。虽然美国已扩大驻阿美军授权（驻阿美军可视情况与阿富汗政府军协同作战），但依靠美国解决阿安全问题已无可能。综合看来，阿富汗安全问题主要面临三大挑战。

第一，目前尚未建立有效的和解谈判平台。在各方努力下，2016 年 1 月举行了由美国、阿富汗、巴基斯坦和中国“四方会谈”首次会议，旨在促进塔利班恢复谈判。然而，这一机制并未持续发挥作用，其主要原因是塔利班首领阿赫塔尔·曼苏尔退出了和谈，而后美国于 5 月用无人机将其击毙。在此之后，阿富汗和谈进程几乎陷入僵局。在此情况下，中国、俄罗斯和巴基斯坦就阿富汗发展问题展开讨论，三国同意把某些塔利班恐怖分子移出联合国制裁名单，以使和平谈判顺利进行；同时，三国还希望联合塔利班共同打击“伊斯兰国”[①]。从俄罗斯的立场看，“伊斯兰国”已经对其国家安全造成重大威胁，同时阿富汗安全问题还将影响塔吉克斯坦甚至对俄欧亚经济联盟的中亚布局造成影响。对于中国而言，阿富汗的和平与稳定不仅关系到边疆安全和防止“三股势力”渗透，也是“一带一路”建设的重要保障。而对巴基斯坦来说，阿富汗问题的解决可以降低巴基斯坦塔利班（以下简称“巴塔”）的威胁，为其带来稳定的“后方”。可以说，中、俄、巴的此轮讨论为下一步重新建立和谈平台做出了积极努力。

同时应该看到，建立关于阿富汗和解谈判的有效平台并非易事，还面临多重难题。一方面，巴基斯坦与阿富汗塔利班之间的渊源深厚、关系复杂，在阿富汗问题上的诉求和立场也有其自身考虑（后文将详细分析）。

① 王凤：《从冲突中谋和解——论阿富汗政治和解之基础、动力与挑战》，《当代世界》2016 年第 9 期，第 54 页。

同时，伊朗对阿富汗有重大影响力，下一步也会重点关注阿局势变化，但伊朗与塔利班之间积怨很深，塔利班的反伊立场能否改变还存在很大的不确定性；另一方面，以美国为首的西方国家在阿富汗投入巨大，目前也还没有完全撤出，再加上特朗普政府的中亚政策尚未定型，一个美国“缺席”的和谈机制能否有效运转，目前很难判断。

第二，巴基斯坦对阿富汗及塔利班的政策仍然存在变数。巴基斯坦对阿富汗也有重大影响力，2016 年“四方会谈”机制就是由巴基斯坦军队总参谋长拉希尔·沙里夫访阿直接推动的。但在巴内部，军方与政府在阿富汗问题上也存在分歧。巴基斯坦与阿富汗、印度有很长的边境线，因此巴基斯坦很长时间以来都将阿富汗作为其“战略纵深”，希望维护亲巴的阿富汗政权，以抵抗印度的影响力，但目前阿富汗加尼政府在此问题上并不偏向巴基斯坦。因此，如果将巴基斯坦引入阿富汗和谈机制，则必须考虑巴、印、阿三国之间的平衡问题。从对待阿富汗塔利班的态度看，“阿塔”创立时期很多成员都出生在巴基斯坦难民营，并在巴伊斯兰贤哲会主办的学校受教育；“阿塔”成员中大部分是普什图族人，而阿、巴边境为普什图族人聚居区，因此巴基斯坦也对“阿塔”提供军事、资金、医疗等方面的支持，这一方面是其境内普什图人的意愿，同时巴基斯坦也希望借此保持对“阿塔”的影响力，以增加对阿富汗的影响。

由于种种因素，巴基斯坦虽然在阿富汗问题的解决中能够发挥一定的作用，但是其寻求的主要目标是通过参与阿富汗和谈进程，向阿施加影响力，使阿在印、巴问题上的立场能向其倾斜。但这一目标与俄罗斯、伊朗等其他各方的目标可能存在较大偏差，在和谈过程中协调难度较大。同时，巴基斯坦与塔利班在某些重大问题上也存在相同立场，而“阿塔”与阿政府较为严重的对立可能会使和谈进程遇到重大挫折甚至出现倒退。

第三，阿富汗塔利班问题有其深厚的社会根源，解决起来不可能一蹴而就。当前阿富汗安全问题的主要矛盾就是阿富汗塔利班与阿政府之间的严重对立和冲突，但是从“阿塔”自身的形成、发展及外部因素来看，这一矛盾很难在短时间得到解决。阿富汗是一个宗教色彩非常浓厚的国家，在苏联入侵阿富汗之前，该国曾经在查希尔王朝时期建立了完整的伊斯兰社会管控体系，当时该国经济社会发展也比较健康。其后的苏联入侵、阿富汗内战以及美国反恐战争等，都严重打乱了已经形成的社会管控体系。“阿塔”形成于苏联撤军之后的“真空”时期，在高层级的伊斯兰管控体系不存在的情况下，基层的宗教阶层（毛拉）与各地军阀相结合，以伊斯兰教为纽带，迅速聚合了大量“圣战”分子。在此过程中，“阿塔”运动又与普什图民族主义和阿富汗既有的部族主义相结合，同时又以毒品、军火等非法交易为经济来源，并且根本无法接触到伊斯兰教高深、渊博的宗教理念和哲学思辨。这样就造成了“阿塔”具有政教合一的国家观及“哈里发制”的重建、伊斯兰化的社会观与社会净化、杂糅的民族观与极端实践等复杂的特点。[①]其深层次的问题在于，阿富汗重建过程是在美国推动下以西方民主制为基础进行的，该国根深蒂固的族际政治、部落政治和教派政治因素仍然存在，并导致塔利班式的

① 黄民兴：《阿富汗问题的历史嬗变》，中国社会科学出版社 2013 年版，第 254 页。

组织不断崛起，而塔利班组织的内因中则完全排斥宪政制度和议会民主。所以，如果不能从深层次改变阿富汗的社会结构，对于“阿塔”的“剿”与“和”都很难实现突破。

此外，“阿塔”的发展还与外部因素息息相关。在苏联解体后，中亚地区出现一系列国家，巴基斯坦出于打通中亚能源、贸易通道以及抗衡印度等因素，积极在阿富汗扶植代理人，再加上普什图族人在阿、巴边境共存的现实，支持塔利班成为其重要选项。而对于沙特来说，除了宗教因素之外，支持“阿塔”更重要的作用在于能够遏制伊朗在阿富汗的影响力。美国则既出于反恐的考虑，也出于遏制伊朗的目的对“阿塔”提供支持，并且在“9·11”事件之前一直在推动中亚到南亚油气管线的建设。而在“阿塔”崛起并夺取政权的过程中，国际社会并未意识到其危害性，也并没有对其进行遏制。因此，“阿塔”发展的外部环境是相对宽松的。

（二）巴基斯坦安全形势不容乐观

目前，巴基斯坦的安全威胁主要来自巴基斯坦塔利班、俾路支民族主义势力以及“伊斯兰国”。

第一，巴基斯坦塔利班组织影响短时间很难消除。美国出兵阿富汗并打垮塔利班政权后，“基地”组织在巴基斯坦发展，在其影响下，“巴塔”于2007年成立。此后，巴政府与“巴塔”之间始终“打打谈谈”。政府军虽然多次在美国帮助下进攻“巴塔”，但都无果而终。2014年1月，巴总理谢里夫宣布与“巴塔”开展和平谈判，但双方在宪法认同、地区的控制权以及人员处置等问题上无法达成一致，结果均准备发动军事行动，谈判进程受挫。在此背景下，巴政府军开展“利剑行动”，取得较大战果。然而，2016年以来，巴基斯坦各地依然恐怖袭击不断，造成大量人员伤亡，这说明恐怖主义势力仍未在巴基斯坦境内被消灭，他们尚有能力对敏感设施发动致命袭击。①

由于各种原因，“巴塔”在短时间难以根除。其一，“巴塔”可以退避阿富汗境内保存力量。巴、阿边境非

---

① 人民日报：《巴基斯坦安全局势依然严峻》，新华网，http：//news. xinhuanet. com/world/2016 -08/10/c_ 129217609. htm，2016年8月10日。

法通道众多，边防力量薄弱，再加上巴、阿两国塔利班相互呼应，"巴塔"在遭到打击时可以退至阿境内加强训练、积蓄力量。其二，巴、阿两国为对方的反政府武装提供"反向庇护"。巴基斯坦历来将阿富汗作为"战略纵深"，阿富汗也主动为"巴塔"提供方便，以此抗衡巴方。其三，美国和印度插手干预。美在巴境内的无人机攻势引发巴方反感，在2013年巴政府与"巴塔"和谈期间又出动无人机击毙"巴塔"头号领导人马赫苏德，造成谈判进程停滞。印度通过与阿富汗合作，为"巴塔"转移阿富汗提供资金、武器、训练等方面的支持。其四，"巴塔"势力在国内根基深厚。"巴塔"在拉合尔、卡拉奇等城市广有支持，并向信德省、旁遮普省扩散，与当地"圣战"组织建立了紧密联系。"巴塔"尽管遭受打击，但一旦时机成熟就可以卷土重来。①

第二，俾路支省民族主义势力造成安全威胁。近年来，俾路支省暴力冲突和恐怖袭击不断，安全形势持续

① 李丽、苏鑫：《巴基斯坦安全形势对中巴经济走廊建设的影响》，《国际经济合作》2015年第5期，第17页。

恶化。俾路支解放军、俾路支共和军、强戈维军等武装组织每年发动数百起恐怖袭击。俾路支省安全问题的主要原因包括资源开发与分配、民族宗教冲突以及阿富汗乱局的影响等。[①] 首先，俾路支省自然资源丰富，但巴基斯坦联邦政府在开发过程中未能处理好与当地的利益分享问题，引起了当地人的不满。其次，俾路支省贫穷落后，大部分地区仍然保持部落酋长制。各部落首领既担心权力被削弱，再加上当地群众不满，各部落多组建武装力量反抗联邦军队和政府。最后，当地民族和宗教冲突形势错综复杂。追求民族自治或地区分离的武装组织，例如俾路支解放军，希望建立“大俾路支斯坦”国家。靠绑架、袭击等手段获取资金钱财的武装团体，其行动的主要目标是图财，但跟其他类型团体有千丝万缕的联系。极端宗教原教旨武装组织往往与部族武装难以截然分开，2013 年巴基斯坦发生的 208 起教派冲突中，有一半是针对包括哈扎拉人在内的什叶派穆斯林。

① 刘向阳：《巴基斯坦俾路支危机：原因与应对》，《理论月刊》2015 年第 11 期，第 183 页。

外国势力卷入也导致了俾路支问题的恶化。阿富汗局势的变化对俾路支安全形势有重大影响，美国发动阿富汗战争期间，大量难民涌入俾路支地区，塔利班组织在奎达设立了管理机构。反恐战争期间巴、阿边境成为跨境走私、毒品交易通道，进一步加剧了当地安全形势的恶化。美国也支持俾路支独立，对俾路支民族分离势力提供支持。巴基斯坦则指责印度向俾路支民族分离势力提供支持。外部势力的加入使得俾路支问题更加难以解决。

第三，“伊斯兰国”在巴基斯坦的发展使安全问题更为复杂。目前，“伊斯兰国”已经具备了“统一指挥、全球协调、全球联动”的能力。在宣布向其效忠或表示支持的恐怖组织中，分布在巴基斯坦的数量最多，包括巴基斯坦塔利班部分成员、“巴基斯坦自由运动”、“真主战士”、“呼罗珊圣战领导者”，均表示效忠“伊斯兰国”。在“伊斯兰国”出现在阿、巴边境地区后，便迅速向中亚和南亚渗透。“伊斯兰国”在巴基斯坦的发展意味着其境内恐怖组织更加具有破坏力并且迅速国际化，军事、人力、能力等都得到提升。由于“伊斯兰国”旨在输出极端主义并在全球范围内开展恐怖活动，该地区很容易成为新的国际恐怖组织基地。

四 中国的战略目标、挑战及建议

本报告所指“大中亚经济圈”，是将伊朗、俄罗斯、阿富汗、巴基斯坦四国与“中亚五斯坦”进行统筹考虑。如此考虑的主要原因，一是伊朗以西的中东海湾地区与此经济圈没有直接的地缘政治联系，同时伊朗对中亚地区影响力很大；二是俄罗斯对该地区影响力很大；三是巴基斯坦对阿富汗影响较大，而印、巴虽然在传统意义上属于南亚地区，但两国之间存在很深的矛盾，巴基斯坦向南亚方向的发展存在巨大障碍，故而将巴基斯坦纳入大中亚区域。

以此视角来观察，“大中亚经济圈”与“一带一路”建设中的两大骨干走廊即中国—中亚—西亚经济走廊和中巴经济走廊息息相关。而在今后相当长的一段时间中，该经济圈大国博弈日渐增加，地缘政治情况复杂，给中国周边外交和“一带一路”建设带来很大挑战。本节拟在重新梳理中国在该经济圈的战略目标基础上，进一步厘清所面临的主要挑战，并尝试提出有关政策建议。

（一）中国的主要战略目标

随着近年来与“一带一路”相关的经贸合作话题不断升温，国际合作中的其他问题往往被忽视。事实上，国际经济合作的基础是政治和外交关系，其中国家安全事务尤为重要；同时，事关能源和大型基础设施方面的合作也往往涉及重大国家利益和外交政策。所以，在考虑中国在该经济圈主要战略目标时，不宜一味强调经贸合作，而应全面综合考虑。

首先，确保国土和边疆安全。中亚尤其是阿富汗安全形势与我国新疆地区安全稳定息息相关，尤其是“伊斯兰国”在阿富汗的渗透和发展使阿成为全球新的恐怖主义基地可能性大幅上升，对中国国家安全造成重大威胁。所以，在考虑战略目标时，应将国土和边疆安全放在首位。一是确保阿富汗不能成为新的恐怖主义基地，逐步解决阿国内安全问题；二是严打“三股势力”，铲除恐怖主义赖以生存的思想、行动和社会根基；三是严防死守，确保“三股势力”无法向中国境内渗透，确保国家安全。

其次，增加天然气进口来源。目前中国在该经济圈的石油进口主要来源是俄罗斯（主要石油管线不在中亚地区），天然气主要来源是哈萨克斯坦、乌兹别克斯坦和土库曼斯坦。主要战略目标应考虑，一是与俄、乌、土、伊四国建立良好的合作关系，确保油气资源进口来源稳定；二是确保吉、塔两国连通油气产地和中国之间的管线畅通，这两国是中国通过中亚连通里海的重要区域，建立和维护天然气管线是重要保障；三是应对好俄罗斯对该地区油气资源的整合和垄断。

最后，发展互利共赢的经贸合作。中国与该地区国家经济互补性强，随着“一带一路”建设的推进，开展双、多边经贸合作有很大机遇和空间。一是推进“一带一路”与“欧亚经济联盟”的对接，促进区域自贸区建设；二是择机与伊朗开展经贸合作，为中国在中亚的经贸合作注入新的动力；三是与该地区其他国家开展好双边合作。

（二）中国面临的主要挑战

从目前情况看，中国在该地区主要面临三大挑战。

第一，美国的中亚政策变化。美国新任总统特朗普尚未形成系统的中亚政策，但考虑到美国前期投入巨大，撤离中亚会对其全球战略造成巨大影响，再加上制约伊朗的因素存在，因此美国完全撤出中亚的可能性并不高。美国的中亚政策将会引发俄罗斯、伊朗及地区各国政策的连锁变化，应针对美国加大或减少投入、美俄联合或对抗、俄伊靠近或疏远等不同情况制定不同的应对策略。

第二，如何平衡俄、伊关系。俄、伊两国都是对地区局势有重大影响的国家，两国利益和立场既有相同也有矛盾。在政治层面上，由于伊朗的加入和地区局势的变化，在“一带一路”倡议、欧亚经济联盟、上合组织、集体安全条约组织四大地区多边合作机制中如何与两国协调立场，需要加强研究并准备相关对策。在经贸合作层面，中亚地区的能源通道、交通路网和电力设施等基础设施建设如何规划实施，其背后的实质是中、俄、伊各自利益的协调。

第三，如何应对阿、巴两国形势。在此问题上，地区热点的核心在于阿富汗重建和安全问题的解决，重点在于阿、巴两国塔利班组织如何定位及发挥作用。与此相关的问题包括：伊朗对阿富汗的政策变化和影响、印巴关系对阿局势的影响、俄罗斯的阿富汗政策和立场等。当务之急是在“阿人治巴、阿人所有”的原则下，实现阿的安全和重建，不断推进阿经济和社会发展，根绝极端主义和恐怖主义产生的土壤。

（三）有关对策建议

第一，密切关注美国中亚政策的变化。应建立专门力量盯控美国关于中亚政策的宣示和表态，加强分析研究，及时制定应对策略；应加强与俄、伊及有关国家的沟通，及时通报情况、协调立场，避免战略误判；应利用好联合国、上合组织等多边合作平台，积极发挥国际社会对中亚问题的积极作用，将美国政策变化的不利影响降到最低。

第二，加强对国家安全工作的重视。在阿富汗问题上，不应过分倚重巴基斯坦的作用，应进一步夯实解决阿富汗问题的国际合作基础；妥善处理好伊朗、巴基斯坦、印度加入上合组织事宜，通过加强机制建设保证上合组织的战略地位、方向及中国的主导地位，发挥上合组织在解决阿富汗问题中的多边外交作用；促进新的阿富汗和谈机制的建立，促进伊朗在阿安全问题上发挥积极作用，配合俄罗斯及联合有关国家坚决打击“三股势力”；加快完善新疆等重点省份的伊斯兰社会治理体系，杜绝极端主义向境内渗透蔓延。

第三，加强“一带一盟”经贸合作。支持伊朗加入欧亚经济联盟，有条件地支持俄罗斯通过欧亚经济联盟对中亚能源、经济等事务的主导地位，通过欧亚经济联盟发展同中亚各国的经贸合作；在能源通道建设方面，在既有中哈、中土天然气管线基础上，推动连通里海油气产区与中国的油气管线，加大对里海油气开发的投资，发挥自身优势促进有关国家建立油气上下游产业体系；在电力、交通路网等基础设施建设方面，应倡议俄、伊及有关国家共同进行区域规划，在中吉乌铁路及有关国家电力设施建设方面，应多听取俄罗斯意见并加强立场协调；积极促进新疆等重点省份与欧亚经济联盟建立自贸区网络；探索与伊朗共同支持阿富汗赫拉特等省份的建设发展。

第二章　以“四大走廊”为支柱构建印度洋经济圈

在“一带一路”规划的六大经济走廊中，中巴经济走廊进展最快，中国已经在巴基斯坦投入建设港口、交通、能源等诸多重大项目。对于中国而言，看重中巴经济走廊的原因主要有两点：一是两国政治关系良好，巴基斯坦甚至被称为“巴铁”；二是中巴经济走廊有望打通中国与印度洋之间的通道，从而实现连通太平洋、印度洋的“两洋发展”。

在“一带一路”建设中，印度洋无疑具有非常重要的作用。这一海域连接着亚洲、大洋洲和非洲，其北部是全球石油产地中东波斯湾地区，东部则是世界经济增长的“引擎”亚太地区；红海、曼德海峡、霍尔木兹海峡、马六甲海峡等都是重要的经济咽喉。但从经济方面看，印度洋沿岸又存在着“东强西弱”、发展程度普遍偏低以及能源经济比重过大等问题。因此，中国在“一带一路”建设中通过中巴经济走廊进入印度洋，除了促进双边的合作与发展外，在更为重要的战略层面上应起到推动整个印度洋经济圈发展的重要作用。

单就中巴经济走廊发展而言，其受到地缘政治和地理因素的阻碍非常大。中巴经济走廊以北是阿富汗、伊朗及中亚地区等地缘关系紧张地带，向东与中国之间存在喀喇昆仑山等巨大山脉阻隔，向南则由于印巴矛盾而很难得以拓展。而中国近年来在非洲东部埃塞俄比亚—吉布提走廊、乌干达—肯尼亚走廊和卢旺达—坦桑尼亚走廊的投入为中巴经济走廊通过印度洋连接东非沿岸提供了战略可能。

一　中巴经济走廊发展概况及主要挑战

2013 年 5 月，李克强总理访问巴基斯坦期间，提出要打造一条北起喀什、南至巴基斯坦瓜达尔港的经济大动脉，推进互联互通。2013 年年底，习近平主席提出“一带一路”倡议，中巴经济走廊作为“一带一路”的有益补充，战略重要性进一步提升。[①] 由此开始，中巴经济走廊的规划、协商、建设等工作迅速展开。随着 2016 年瓜达尔港的启用，中巴经济走廊已形成港口、交通、能源三大领域诸多项目群加快推进的良好开局。

（一）瓜达尔港建设概况及作用

中巴经济走廊是“一带一路”建设最为重要的项目之一，瓜达尔港则是其中的“旗舰”项目。在第三次印巴战争后，巴基斯坦开始寻找远离印度的深水港口，并于 1996 年决定建设瓜达尔深水港；1998 年巴基斯坦曾计划与美国联合建设瓜达尔港，但因国内反对以致无果而终。2001—2004 年间，中国中港集团为瓜达尔港建设了三个多功能船舶泊位和港口相关基础设施。

---

① 中国日报：《中巴经济走廊建设成为新疆发展强大引擎》，中国日报网，http://www.chinadaily.com.cn/dfpd/xj/2015-04/24/content_20535009.htm，2015 年 4 月 24 日。

2006—2008 年间，新加坡国际港务局被瓜达尔港务执行局选定为瓜达尔港运营商，但该港口始终运营不善，几乎陷于停滞状态。从 2010 年起，巴基斯坦政府开始对瓜达尔港情况进行重新评估；2013 年，中国海外港口控股有限公司接手瓜达尔港运营权，并对港口进行了重新修缮；中方企业将管理瓜达尔国际机场、瓜达尔自由区和瓜达尔海运服务三家公司。2015 年 2 月瓜达尔港基本竣工，2016 年 11 月 13 日瓜达尔港正式开航，巴总理谢里夫在开幕仪式上称："今天标志着新时代的黎明，我们将千方百计保证中巴经济走廊及其相关工程在约定的时间内落地。"①

瓜达尔港的重要作用主要体现在：一是印度洋地缘政治重镇。瓜达尔港濒临阿拉伯海，距巴重镇卡拉奇 533 千米，距巴、伊边境 120 千米，并与阿曼隔海相望，是中国跳出美国岛链封锁、打开印度洋大通道的重镇。二是中国能源安全战略支点。其重要性不仅在于中东海

---

① 徐伟：《中国货船从瓜达尔港隆重出海　中巴经济走廊迎来黎明》，环球网，http：//world. huanqiu. com/exclusive/2016 - 11/9672212. html，2016 年11 月 14 日。

湾地区的原油能够由此转运，更为重要的是为今后连通中国与里海、中亚等油气资源丰富的地区提供了战略支点。三是对巴基斯坦战略意义重大。瓜达尔港远离印巴边境，为巴沿海岸线提供了关键的战略纵深。四是有利于当地发展并带动周边。瓜达尔港所占俾路支省发展程度较低，港口项目的开发对促进当地发展起到重要作用，尤其是中国企业对当地的投资对于增加就业、促进产业链升级等意义重大。同时，对于中亚五国来说，瓜达尔港是距离最近的深水港，可以成为连接巴基斯坦与整个中亚区域及全球的转载、仓储、运输的海上中转站。

（二）中巴经济走廊交通与能源建设

交通和能源基础设施建设是中巴经济走廊的重要基础，只有在此基础上才能逐步展开深度的产业产能对接合作。中巴交通走廊主要铁路项目包括中巴铁路、卡拉奇—白沙瓦铁路、瓜达尔港—胡兹达尔铁路等；主要公路项目包括喀喇昆仑公路、白沙瓦—卡拉奇高速公路等。中巴经济走廊主要能源项目包括卡西姆火电站、萨希瓦尔燃煤电站、卡洛特水电站、恰希玛核电工程、卡拉奇核电项目等。

铁路连接对促进中巴经济走廊发展非常重要。目前，涉及总金额35亿美元的卡拉奇—白沙瓦1400千米铁路项目已开始选址，瓜达尔—胡兹达尔段铁路项目勘探工作已近完成。2015年4月，中、巴签署《中国国家铁路局与巴基斯坦伊斯兰共和国铁道部关于开展1号铁路干线（ML1）升级和哈维连陆港建设联合可行性研究的框架协议》。2015年5月，巴总理谢里夫召开全巴政党大会，巴各政党同意政府的中巴经济走廊项目，同意优先发展从哈桑·阿布达尔经过米兰瓦里、德拉·伊斯梅尔·汗、佐布到瓜达尔的“西线”项目。正线全长25.58千米的拉合尔轨道交通橙线项目是中巴经济走廊早期收获和示范性项目，建设完成后，联营体还将提供从建设到运营的全方位支持。①

在中巴经济走廊项目推动下，巴公路网建设进程明显加快。喀喇昆仑公路北起喀什，南至巴北部城市塔科

① 徐伟：《巴基斯坦拉合尔轨道交通橙线项目建设总体进展顺利》，人民网，http：//world. people. com. cn/GB/n1/2016/1219/c 1002 －28960020. html，2016年12月19日。

特，是通往卡拉奇的唯一陆路通道。该公路始建于1966年，并于2008年8月启动改扩建项目一期工程，完工后由红其拉甫至塔科特的通行时间由2天缩短至7小时。2016年4月，喀喇昆仑公路升级改造二期工程启动，逐渐将喀喇昆仑公路延伸至巴基斯坦腹地。[①] 2014年10月，南起哈桑·阿布达尔，北至赫韦利扬的E35高速公路项目奠基，该项目是巴国家贸易走廊的一部分。2016年5月，白沙瓦至卡拉奇高速公路启动，公路全长1152千米，沿线地区GDP占巴总量90%以上，是巴南北经济大动脉。

电力短缺是巴经济发展瓶颈，中巴经济走廊将此作为重点加快建设。卡西姆火电站是首个开工的中巴经济走廊能源项目，计划于2017年年底实现首台机组发电，建成后预计可以填补巴全国电力约20%缺口。萨希瓦尔燃煤电站项目2015年7月全面启动，年发电量预计约90亿千瓦时。卡洛特水电站是中巴经济走廊首个水电投资

---

① 人民日报：《喀喇昆仑公路二期关键工程隧道正式进洞》，人民日报网，http：//paper. people. com. cn/rmrb/html/2016 – 12/01/nw. D110000renmrb_20161201_ 3 – 22. htm，2016年12月1日。

项目主体工程，该项目于2016年1月奠基，建成后将是巴基斯坦第五大水电站，装机容量72万千瓦。恰希玛核电工程是中国自行设计、建造的第一座出口商用核电站，中巴双方已就采用“华龙一号”核电技术达成意向。卡拉奇核电项目发电能力为220万千瓦，是巴基斯坦国内目前最大的核电项目。此外，萨希瓦尔燃煤电站、大沃风电站、苏克阿瑞水电站、塔尔煤电一体化四个能源电力项目等重大能源项目都获得金融支持，也将很快投入建设运营。

（三）中巴经济走廊面临的主要挑战

第一，中巴开展大规模制造业合作的条件尚不成熟。印巴分治时，巴基斯坦仅从英国继承了很少的工业资产，俾路支、开伯尔—普什图、吉尔吉特—巴尔蒂斯坦等省份几乎没有工业基础，信德省和旁遮普省则为原料供应地，工业基础十分薄弱。2007—2015年，工业在巴基斯坦GDP中的比重在22.09%—20.30%之间波动，并呈小幅下调态势，显示出巴基斯坦工业化进程仍面临阻力。[①]最为关键的是，巴安全形势不稳定极大地影响了外国投资者信心，2015—2016 年，除了中国投资外，巴所吸引的外资全部进入能源领域，制造业领域的外国直接投资几乎全部陷于停顿状态。[②] 再加上电力供应短缺、交通路网缺乏以及投资环境和政策不明朗等原因，中巴之间短时期内很难开展大规模制造业合作。

第二，巴安全形势带来严峻挑战。虽然巴政府为护航中巴经济走廊投入大量精力，例如开展清缴南、北瓦济里斯坦"巴塔"组织的"利剑行动"、成立专门保护中巴经济走廊的特种部队等，但其面临的"巴塔"组织、俾路支民族主义势力等威胁远未解除，"伊斯兰国"的渗透和发展又为其境内极端和恐怖势力带来国际化的特点。造成巴目前安全困境的既有历史、宗教、民族等

① UNCTAD, Handbook of Statistics 2016, http://unctadstat.unctad.org/wds/ReportFolders/reportFolders.aspx?sCS_ChosenLang=en，最近登录于 2017 年 1 月 1 日。

② 商务部：《对外投资合作国别（地区）指南巴基斯坦（2016 年版）》，商务部走出去服务平台，http://fec.mofcom.gov.cn/article/gbdqzn/，2017 年 1 月。

原因，也有阿富汗问题、印巴矛盾问题等区域国际问题因素，错综复杂，短期内很难得到有效解决。尤其是瓜达尔港所在的俾路支省，由于当地势力始终认为巴中央政府在开发利用当地资源过程中不顾及俾路支省利益，因此中巴经济走廊的有关投资项目很可能因其国内纷争而遭受损失。

第三，巴基斯坦与中国之间铁路和石油管道建设存在难度。中、巴边境地理环境的特点是海拔高、地质情况复杂以及自然灾害频发。这也导致在该地区铁路长大干线的修建和运营维护成本都很高，再加上每年有相当长时间因天气原因无法通行，因此依靠铁路作为货运物流的主要方式在技术上存在很大难度。同时，由于地处高寒地区，除了建设成本高之外，石油管线还需要持续加热才能保证通畅，因此目前看来在中、巴之间修建石油管线并非经济方案。再加上无论是铁路还是石油管线建设都需要通过克什米尔地区，一定程度上会加剧印巴矛盾的紧张，反过来影响投资安全。所以中巴经济走廊不能着眼于“硬联通”，而更多应重视通过资金、技术、制度等方式支持巴基斯坦发展并推动中巴经济一体化进程。

第四，中巴经济走廊与中亚地区的连通尚待时日。在中巴经济走廊与中亚地区之间无论是修建交通路网还是油气管线，均需要通过阿富汗境内。由于阿富汗问题错综复杂，其重建过程还存在很多障碍，因此短期内很难在中巴经济走廊与中亚地区之间大规模建设连通设施。同时，中亚五国发展程度较低、经济相对落后，与中、巴距离较近的吉尔吉斯斯坦和塔吉克斯坦油气资源并不富集，需要从里海沿岸的伊朗、土库曼斯坦、乌兹别克斯坦和哈萨克斯坦等国引入油气，从经济性和可行性来说，绕道巴基斯坦并非最佳方案。此外，连通中亚还存在与伊朗竞争的问题，目前印度、俄罗斯等国家着眼于投资建设伊朗恰巴哈港及相关交通走廊，这也为中巴经济走廊向中亚地区的发展带来挑战。

第五，印巴矛盾是中巴经济走廊南向发展的重大障碍。印巴两国分别以印度教和伊斯兰教为主，印巴分治后，两国曾爆发过三次战争。近年来，双方高层领导人通过互访、沟通等方式希望改善两国关系，但始终未有大的突破。目前双方主要矛盾集中于两点：一是克什米尔问题，印方希望巴方退出占领区域，停止对克什米尔地区穆斯林武装的支持，通过双边沟通解决问题；而巴方则坚持克什米尔问题国际化，并对该地区武装组织提供支持；双方在克什米尔地区冲突不断。二是反恐问题，印方将国内恐怖袭击归咎于巴方，认为巴方支持其国内恐怖组织；而巴方则指责印方支持“巴塔”、俾路支民族主义势力等。此外，两国不断开展军备竞赛，也造成双方关系持续紧张。

印度是南亚的重要国家，也是推进“一带一路”建设必须考虑的重要因素。必须看到，印度对近年来中巴经济走廊快速发展的态度是非常复杂的，多次在不同场合表达了对中巴经济走廊建设的担忧和顾虑。2015 年 5 月，印度外事部部长苏斯马 - 斯瓦拉杰在新德里接受媒体采访时表示，印度总理莫迪在访问中国期间表示“不能接受”中巴经济走廊项目，印度政府还召见中国大使表示反对。[1] 2017 年 1 月，印度外交国务秘书苏杰生 18

① 凤凰国际：《印媒：印度召见中国大使反对中巴经济走廊》，凤凰网，http：//finance. ifeng. com/a/20150603/13751733 _ 0. shtml，2015 年 8 月 3 日。

日称，中巴经济走廊途经克什米尔地区，“希望中国尊重印度的领土主权问题”①。可以预见，随着中巴经济走廊的推进，印度将可能继续做出此类反应。

综上，中巴经济走廊战略上极其重要，双方政府也高度重视，然而因巴基斯坦国际、国内的种种复杂因素，其未来发展存在诸多障碍。无论是从战略定位还是现实空间来说，中巴经济走廊下一步都应向印度洋方向延伸，尽早拓展出国际发展空间。

二　中国助力东非沿岸三大经济走廊的成型

东非沿岸国家近年来发展情况相对较好，不仅埃塞俄比亚、肯尼亚、坦桑尼亚等地区大国实现了快速增长，乌干达、卢旺达等国家也在加快发展。港口、铁路、电力、能源等基础设施和制造业投资是中国在东非沿岸的重点发展方向。在中国的参与和推动下，吉布提港、亚

① 参考消息：《中巴经济走廊无关印度“势力范围”》，参考消息网，http：//news. ifeng. com/a/20170120/50607321_ 0. shtml，2017 年 1 月 20 日。

吉铁路、蒙巴萨港、蒙内铁路已经从蓝图渐渐变为现实；而坦桑尼亚的巴加莫约港和中央铁路也正在加速推进建设。可以看到，随着这些大型港陆联运项目的开展，埃塞俄比亚—吉布提、乌干达—肯尼亚以及卢旺达—坦桑尼亚三大经济走廊已经逐渐成型。这为“一带一路”建设及中巴经济走廊向印度洋方向的延伸发展提供了重要的支点。

（一）埃塞俄比亚—吉布提经济走廊

无论从地理位置还是经济发展来说，埃塞俄比亚—吉布提走廊都具有非常重要的价值。中国目前已在该地区基础设施建设、海军后勤保障设施方面取得较大成就，并正加大产业对接和产能合作力度。但是在相当长的时间中，中国仍然面临投资环境、地区形势及与西方国家竞争等方面的挑战。

第一，埃塞俄比亚—吉布提走廊具有重要的战略意义。埃塞俄比亚首都亚的斯亚贝巴是非盟总部所在地，也被称为非洲的“政治中心”，埃塞俄比亚现担任非盟和（东非）政府间发展组织轮值主席。因此，中国与埃塞俄比亚发展良好的政治与外交关系对中非合作能起到重要作用。在经济方面，埃塞俄比亚近年来集中精力致力于经济发展，采取了加强基础设施建设、积极引进外资、提升制造业水平、加快城市化进程等诸多措施，2010—2015年，埃塞俄比亚GDP的平均增长速度为9.44%，[①] 成为非洲经济发展的"新星"。而在其快速发展过程中，中国模式的影响以及中埃塞经贸合作都起到很好的支持和促进作用，这也为中国与其他非洲国家开展经贸合作树立了榜样，尤其是在基础设施、工业园区、制造业发展等方面表现突出。

吉布提的战略作用在于其扼守红海，成为亚非咽喉。美国、法国、日本均在吉布提设立军事基地，因此该国已成为非洲域外大国维持军事存在的重要支点。从目前非洲整体安全秩序看，索马里、南苏丹以及隔海相望的也门是重要的热点地区，在此设立军事设施对非洲维和、亚丁湾航道畅通以及打击极端组织等都能起到关键作用。

---

① UNCTAD, Handbook of Statistics 2016, http://unctadstat.unctad.org/wds/ReportFolders/reportFolders.aspx? sCS_ChosenLang = en，最近登录于2017年1月1日。

而从地缘经济角度看，受制于索马里乱局、埃塞俄比亚与厄立特里亚矛盾等原因，吉布提港也成为当前埃塞俄比亚唯一可用的出海口，埃塞俄比亚与吉布提之间经济关系紧密。同时，中巴经济走廊的瓜达尔港离非洲最近的港口就是吉布提港，借助两港的连通，这两大经济走廊可以形成面向海湾国家及欧洲、东非的联动发展格局。

第二，中国在该走廊地带已经形成一定的影响力。对于该经济走廊而言，修建连通两国的铁路非常关键。2016 年 10 月 5 日，由中国提供信贷支持并由中国企业设计、建造的亚的斯亚贝巴—吉布提铁路正式通车，将为地区经济发展提供新的动力。不仅如此，中国企业还获得了该铁路运营权，从而实现了由工程建设向运营管理的模式升级。除了亚吉铁路外，中国企业近年来在该地区基础设施建设中表现卓越，在阿达玛风电站、梅莱斯大坝、泰克泽大坝、FAN 水电站、纳莱—达瓦河水电站、埃塞俄比亚至南苏丹输变电工程、复兴大坝等重大能源、电力、水利项目中做出巨大贡献，亚的斯亚贝巴轻轨更成为当地一道亮丽的风景线。在制造业发展方面，不仅以华坚鞋业为代表的制造业企业在促进当地发展、增进就业以及技术转移等方面发挥了重要作用，华坚工业园、东方工业园以及沿亚吉铁路分布的工业园区也成为提升当地工业化水平的成功模式。

与此同时，中国也非常重视在吉布提的发展。自2015年起，中国开始在吉布提修建后勤保障设施，中央军委副主席范长龙于2016年11月视察吉布提后勤保障设施时指出："海外保障设施建设要加强统筹协调，加快建设进度，确保建设质量，为军事力量遂行海外任务提供有力支撑。"[①] 该设施的修建，大大提升了我国海军的远洋巡航能力，为中国在印度洋影响力的拓展提供了有力支撑。此外，由中国招商局集团与吉布提港口与自贸区管理局合资运营的吉布提自贸区已经开始建设，中吉双方定义这一项目为"丝路驿站"；由中国企业建设的多拉莱多功能码头和两座新机场也将很快投入使用。[②] 2017年1月18日，中国企业在海外设立的首家全牌照银

① 新华社：《范长龙访问吉布提》，新华网，http：//news. xinhuanet. com/mil/2016－11/25/c_ 129377999. htm，2016年11月25日。

② 参考消息：《中国吉布提合作建设非洲最大自贸区》，参考消息网，http：//www. cankaoxiaoxi. com/china/20170118/1621970. shtml。

行——丝路国际银行在吉布提正式开业，该银行不仅为中非双边贸易以及中国在非洲的投资提供一揽子金融解决方案，更建立了新的清算体系，突破了过去只能依靠美元清算的限制，为中非经贸合作和“一带一路”建设提供重要金融支持。①

第三，中国在该地区的发展还面临诸多挑战。其一，市场空间有限。由于经济总量较低，埃塞俄比亚、吉布提两国国内市场十分狭小，其出口产品也基本为农产品和初级工业品，中国企业投资获利空间并不大。其二，工业基础较差。两国生活必需品大量依赖进口，尚未实现自给自足；埃塞俄比亚工业发展水平总体较低，尚未形成完整的工业体系和链条，而吉布提则基本没有现代工业发展。其三，亚吉铁路沿线产业带形成尚待时日。大规模工业园区所必需的土地、供水、供电、通信等基础设施远未到位，埃塞俄比亚的工业园区政策也尚在摸索阶段；而吉布提长期形成的以服务军事基地为核心的

① 辛闻：《“一带一路”新突破 中企首设海外全牌照合资银行》，中国网，http：//www.china.com.cn/news/txt/2017 －01/19/content_ 40136629_ 2.htm。

畸形经济结构难以在短期内改变。其四，投资环境需要改善。由于外资大量涌入，埃塞俄比亚近年来不断提高投资门槛，同时也存在办事效率低及一定程度的腐败等弊端；埃塞俄比亚的外汇管理非常严格，企业投资利润难以及时汇出；该地区缺乏教育培训体系，制造业所需的本地产业工人和高级管理人员非常缺乏。其五，债务问题已然凸显。由于连续数年保持大规模的基础设施建设投入，埃塞俄比亚已经临近“债务红线”，很多中资企业已经面临应收账款数额上升等问题。

与此同时，中国还面临地区形势紧张及西方国家竞争的挑战。从埃塞俄比亚国内政局看，在快速城市化过程中，其国内各民族、党派之间产生利益纷争，2015 年以来已经发生数次暴力事件。2016 年 10 月 2 日奥罗莫州比绍夫图市踩踏和骚乱事件后，埃塞俄比亚总理海尔马里亚姆决定在全国实施为期 6 个月的紧急状态。在地区形势层面,[①] 索马里因“青年党”问题不断造成恐怖袭

① 中国日报网：《埃塞俄比亚发生重大踩踏事故 至少 52 人死亡》，央广网，http：//news. cnr. cn/gjxw/gnews/20161003/t20161003_ 523176339. shtml，2016 年 10 月 3 日。

击，国家建设仍未走上正轨，而非盟的维和努力也遭遇重重困难，而“伊斯兰国”的渗透和发展则更加剧了地区反恐压力；也门乱局持续和极端组织扩张等也为亚丁湾地区安全增加不确定因素。此外，埃塞俄比亚与厄立特里亚的紧张关系仍未缓和，2016 年两国还爆发过激烈的武装冲突；南苏丹国内政局动荡一方面影响了埃塞俄比亚的石油进口，同时也带来难民等外溢问题。另外，美、英、法、日等西方国家非常重视对非洲之角的控制。美、法、日在吉布提设立军事基地并积极参与地区反恐、救援等任务，某种程度上让埃塞俄比亚、吉布提产生了“安全依赖”；美国、英国通过在人道主义、艾滋病防治、卫生、教育、农业、能源、减贫、能力建设、社会公共服务等方面提供大量援助维持和扩大在该地区的影响力。

从“一带一路”建设的角度来看，推动埃塞俄比亚—吉布提走廊与中巴经济走廊的对接在互联互通、促进发展等方面具有重要意义，但国际合作能力和跨国经贸格局的形成仍然有赖于各国自身建设和发展。在此过程中必须尊重客观规律，同时积极加以协调和引导，稳步推进。

（二）乌干达—肯尼亚经济走廊

肯尼亚是非洲东部沿海最为发达的国家和重要的商业枢纽，乌干达地处非洲“十字路口”，这一地区在非洲大陆与印度洋的商贸活动中发挥着重要作用。中国在该地区的参与推动了这一经济走廊的现代化发展，因此可以在此基础上规划下一步的布局和重点。同时也应注意由于其国内政局、地区形势以及美、英、日势力带来的挑战。

第一，中国参与铁路建设对地区发展十分重要。肯尼亚工业基础较好，得益于优越的地理条件，其商贸和服务业非常发达，能够辐射东非、北非地区；而乌干达虽然工业基础较差，但其位于东非沿海通往北非、中部非洲的交通要冲，因此与肯尼亚之间的贸易关系非常紧密。肯尼亚《2030 年远景规划》和乌干达《2040 年愿景发展战略》中规划的中长期年度 GDP 增长目标分别为 10% 和 8%，而据世界银行统计 2010—2015 年间，肯尼亚的年平均经济增长率为 5.47%，乌干达为 4.58%，因此两国均非常需要建设连接蒙巴萨港与乌干达内陆的铁路干线以促进经济增长，然而两国自身财力却很难支撑这样的大型项目开展。因此，中国支持的蒙内铁路、内马铁路建设以及沿线工业带发展将发挥重要作用。蒙内铁路连接内罗毕和蒙巴萨港，是东非铁路网的起始段；内马铁路由内罗毕至乌干达边境城市马拉巴。两条铁路全长共计967.5千米，建成通车后将成为东非地区陆港联运大动脉，支撑该地区交通物流格局优化和转型升级。中国在参与上述铁路建设时非常重视履行社会责任以提升“软实力”，例如：蒙内铁路共为肯尼亚创造4万个工作岗位，并开展大量人力资源培训和技术转移；中国企业还通过公益事业、保护野生动物、参与环保事业等促进与当地社会的深度融合；[①] 内马铁路创造了5万个工作岗位，培养技术人员，带动水泥、钢材、运输等多个当地行业的发展。[②] 更为重要的是，在蒙内、内马铁路建设

① 蒋安全、李志伟：《蒙内铁路，讲述一路中肯友好故事》，人民网，http：//world.people.com.cn/n1/2016/0530/c1002－28388100.html，2016年5月30日。

② 人民网—国际频道：《中国公司承建的肯尼亚内马铁路项目开工》，人民网，http：//world.people.com.cn/n1/2016/1020/c1002－28795127.html，2016年10月20日。

中，都采用中国铁路标准进行工程建设和装备使用，这为中国在该地区影响力的扩大和可持续发展奠定了基础。

第二，中国与该地区的能源和制造业合作值得期待。“东非油气大发现”使得本属能源匮乏地区的东非获得了新的发展动力，继2006年乌干达发现大型油田之后，肯尼亚于2012年开始启动大规模油气开发。目前已有数十家国际能源企业在该地区从事勘探开发工作，并有望实现石油出口。大规模油气开发必然带来上下游产业链及油气管线建设的高潮，例如乌干达计划修建与肯尼亚拉穆港相连的石油管线以及上下游炼油厂和发电厂。中国企业已经开始参与其中，2006年中海油获得肯尼亚和乌干达数个区块的油气开发权益；中国企业还参与实施了内罗毕—埃尔多雷特成品油管道等多项大型管道建设工程。在电力设施方面，虽然该地区普遍面临电力供应短缺的问题，并因此影响其工业发展和社会民生水平，但该地区的电力互联互通建设值得关注。目前，肯尼亚、乌干达两国及周边国家正在加快建设跨境电网工程，而乌干达也有望成为辐射肯尼亚、南苏丹、卢旺达、刚果（金）等国的电力枢纽。近年来中国电力企业在乌干达伊辛巴水电站、卡鲁玛水电站和肯尼亚 HGF 综合水利枢纽等大型电力项目中表现不俗，在地区电力建设中领先于其他国家，下一步有望在跨境电网建设和智能电力调度方面获得新的成就。

在促进地区制造业发展上，中国有望在三个方面取得领先优势。一是推动肯尼亚制造业的转型升级。肯尼亚的工业体系相对完善，且与英、德等西方国家接轨，因此对中国制造业的合作需求层次要求较高，智能制造、精益加工、新技术、新材料等产业技术领域有望迎来合作机会。此外，蒙内铁路建设也为中、肯产业合作提供了新的空间，正如 2016 年外交部部长王毅会见肯尼亚总统肯雅塔时指出："中方希望两国以蒙内铁路建设为牵引，打造蒙内铁路、蒙巴萨港、蒙巴萨经济特区'三位一体'的合作新格局。"二是乌干达和卢旺达的通信信息技术发展战略值得关注。乌、卢两国在国家发展规划中均非常强调通信信息技术产业发展，中国有关企业已经开展投资并获得成功。乌、卢两国属于该经济走廊的战略腹地，且交通地理位置重要，因此信息技术在物流、电子商务、农业等传统产业方面的应用对地区经济发展将起到很大的促进作用。三是乌干达仍然需要引进劳动密集型产业。中国不仅应考虑与其开展产业对接和产能合作，也应考虑促进中、肯、乌开展三方合作，形成区域工业化“雁形格局”，增加该经济走廊的国际竞争力。

第三，应注意两国国内政局以及地区紧张因素影响。在国内政局方面，应关注肯尼亚 2017 年大选及乌干达总统穆塞韦尼长期执政带来的风险。肯尼亚在 2007 年大选危机后，经过国内各方努力，在体制机制等方面作出诸多改革，并在 2013 年大选中实现平稳过渡。然而，肯雅塔执政期间，肯国内贫富分化加大，腐败和青年失业率高等问题引发诸多不满，反对党也在积极活动，2017 年大选如果产生社会动荡，对经济发展必然产生不利影响。乌干达总统穆塞韦尼已执政 30 年并连任三个任期，其国内长期被压制的很多矛盾蓄势待发，2016 年大选已爆发直接冲突，因此不应忽视“后穆塞韦尼时代”可能出现的政策变动。

在地区形势方面，索马里、南苏丹及刚果（金）局势动荡以及由此带来的恐怖袭击、难民问题等影响地区稳定与发展。虽然非盟不断加强索马里维和力度，但

“索马里青年党”不断对肯尼亚发动的跨境恐怖袭击成为该国经济发展的一大障碍。刚果（金）因卡比拉总统追求连任造成的政局和社会动荡也在不断酝酿动乱风险。在索马里、南苏丹冲突中，大量难民不断涌向乌干达和肯尼亚，造成新的安全隐患和发展风险。

第四，英、美等国影响力大，日本在该地区加大竞争力度。英国是肯、乌两国的原宗主国，目前仍然在该地区保持较大影响力。一是直接插手干预两国政局，在肯尼亚 2007 年、2013 年大选中，英、美两国均通过外交、援助、经济等手段直接进行干预，尤其是借国际刑事法院起诉肯雅塔总统一事更显示其干预意图；在乌干达大选后，英国为支持穆塞韦尼提供大量援助，而美国总统则对乌施加压力。二是提供援助扩大影响力。近年来，英国对肯、乌两国各提供 7 亿美元左右的援助资金，重在增强其“软实力”；根据美国国务院数据，2015/16 财年，美政府向肯尼亚提供援助多达 5.53 亿美元，乌干达每年也接受美援超过 8000 万美元。三是加强军事存在。英国始终保持与肯尼亚在军事安全方面的合作，每年派遣大量军官赴肯开展军事培训交流；美国将肯尼亚拉入其反恐同盟，能够使用肯尼亚机场，并提供资金支持肯、乌两国向索马里部署维和部队及解决难民问题。四是加强经济控制。英国是肯、乌两国主要投资国和贸易伙伴，在两国多个支柱性产业中占据重要地位；美国通过《非洲增长与机遇法案》增加从肯、乌两国的进口商品，在肯尼亚设立创业中心以支持投资合作。

此外，需要重视日本在该地区与中国的竞争。日本将肯尼亚作为日非政策的支点国家，不仅加强双边高访，也通过2016年在肯召开第六届东京非洲发展国际会议开展对非多边外交。在军事合作方面，日本通过军事培训和提供大型机械等方式与肯开展合作。自1986年起，日本向肯提供了超过50亿美元的援助，并在肯设立国际协力机构办事处负责援助及经贸合作事宜，将肯尼亚蒙巴萨港周边、莫桑比克纳卡拉港周边、科特迪瓦等西非地区作为三大重点地区，在当地推进港口及公路网等基础设施建设。① 应当看到，日本在该地区的很多外交努力都

① 联合早报：《与中国抗衡，日本拟敲定60个援助非洲项目》，联合早报，http：//www. zaobao. com/special/report/politic/sino － jp/story20160213-580960，2016年2月13日。

针对中国在当地的发展。例如：在东京非洲发展国际会议上提出海洋安全合作议题，其实质是想将亚洲问题强加于非洲，牵制中国维护正当海权。[①] 此外，日本深知中国希望参与该地区“港陆联运”建设，因此于2009年就与肯尼亚开始协商蒙巴萨港建设事宜，至2015年，日本已提供2.8亿美元用于建设蒙巴萨港。[②]

（三）卢旺达—坦桑尼亚经济走廊

与埃塞俄比亚—吉布提走廊和乌干达—肯尼亚走廊不同，卢旺达—坦桑尼亚走廊在成型程度上相对滞后，可能需要更长的建设时间，观察这一走廊的着眼点主要基于对坦桑尼亚和卢旺达发展战略和趋势的分析。同时，中、坦已准备共同建设巴加莫约港，在此基础上着眼长远，做好在该走廊地带的发展规划十分必要。

---

① 辛闻：《外交部：日媒关于〈内罗毕宣言〉的报道不客观》，中国网，http：//news. china. com. cn/world/2016 -08/29/content_ 39188003. htm，2016年8月29日。

② 驻肯尼亚使馆经商处：《蒙巴萨港2号码头一期项目竣工》，商务部网站，http：//www. mofcom. gov. cn/article/i/jyjl/k/201603/20160301266798. shtml，2016年3月2日。

第一，坦桑尼亚执政党及新政府将着力实施中西部开发战略。经过长期的准备，尽管面临重重挑战，但坦桑尼亚执政党革命党在2015年坦桑尼亚大选中实现了“涅槃重生”。不仅其总统候选人马古富力成功当选，还在国民议会选举中获得超过2/3多数席位。此外，革命党为赢得选举，高举“反腐”和“变革”的旗帜，高度关注社会民生，团结一致应对挑战，获取了坦桑尼亚民众的支持。马古富力总统当选后，致力于打造廉洁、高效、责任和亲民的政府，重拳惩治腐败，杜绝挥霍浪费，集中精力发展经济，保障社会民生，得到了广大民众和非洲国际社会的认可。这些都为坦桑尼亚实施其国家发展战略奠定了良好基础。但因为坦桑尼亚发展基础较差，所以马古富力政府也面临一系列重大挑战，主要包括：增加投入、引进外资，加快制造业发展，建设天然气上下游产业链以及加大民生投入等。

长期以来，坦桑尼亚的经济发展重点集中于以达累斯萨拉姆为中心的东南沿海，而以其政治首都多多马为中心的广大中西部地区发展相对滞后。马古富力政府的施政重点之一就是进行中西部大开发，其重点举措包括迁都多多马和建设中央铁路两方面。2016 年，坦桑尼亚政府宣布了新的分阶段迁都计划，并准备在 2020 年完成。迁都多多马将带动一系列交通、电力、水利等基础设施项目实施，有利于中西部地区引进资金，促进农业和制造业的发展。而支撑其迁都计划的关键即中央铁路项目。目前经过多多马的中央铁路兴建于殖民时期，年久失修、效率低下。坦桑尼亚政府计划修建一条 2560 千米的铁路，以连接达累斯萨拉姆、多多马以及西部、北部的基戈马和姆万扎，提高其国境内的物流效率，带动中西部加快发展。

第二，卢旺达致力于建设非洲“信息高地”的战略值得关注。自 2000 年执政后，卢旺达总统卡加梅采取种种措施实现社会稳定和经济发展，在国内拥有崇高威望。2015 年 12 月卢旺达宪法公投后，卡加梅总统有望连任至 2034 年。[①] 卡加梅的执政重点在于反腐和发展经济两大方面。在预防和惩治腐败方面，卢旺达将反腐工作作为

---

① 环球网：《卢旺达选民要求取消总统任期限制 现总统或多次执政》，环球网，http：//world. huanqiu. com/exclusive/2015 – 12/8221508. html，2015 年 12 月 21 日。

国家战略加以高度重视，成立了由多部委组成的反腐联合委员会，加强立法和建章建制，并迅速查处一批重大案件；此外，卡加梅本人廉洁自律和率先垂范也极大地促进了反腐工作的实施。在世界银行《2015年全球营商环境报告》中，卢旺达在全球189个国家中排名第46位，在非洲仅次于南非和毛里求斯。在该报告中，世行高度肯定了卢旺达政府在廉政方面的努力。[①] 在发展经济方面，卢旺达将制度环境和人力资源作为核心竞争力，在战略上致力于信息通信产业发展，使整个国家由农业型经济转变为知识型经济。为保证战略规划落实，还专门成立了“卢旺达发展委员会”，并组织实施国家ICT（信息通信技术）产业发展战略。

卢旺达的发展战略目前初见成效，农业出口创汇能力不断增加，国内经济多年来一直保持高增长、低通胀、高就业的良好态势，2010—2015年，卢旺达的平均经济增长率为6.9%，其通货膨胀率和失业率则保持在2%和

① 商务部：《对外投资合作国别（地区）指南卢旺达（2016年版）》，商务部走出去服务平台，http：//fec. mofcom. gov. cn/article/gbdqzn/，2016年12月。

3%左右。在使用外国援助方面，由于政府廉洁高效，外援能够充分有效支持其政府运转和大型基础设施建设，目前卢旺达在电子政务方面领先于其他非洲国家，并建成良好的公路交通网络。可以预见，其信息技术产业优势一旦形成，在对接全球产业链方面将发挥重要的辐射和带动作用。

第三，中国应加速推进该经济走廊的成型和发展。卢旺达—坦桑尼亚走廊对中国而言，是发展互利共赢伙伴关系的重要地区。在政治和外交层面，坦桑尼亚与中国具有传统友谊，两党之间的交流合作也有很多新的机遇。2017年外交部部长王毅访问坦桑尼亚期间，其外长马希加表示："坦支持中国提出的'一带一路'倡议，愿成为'一带一路'倡议进入非洲的桥头堡。"[①] 卢旺达在修宪之后，面临来自以美国为首的西方国家压力，也希望与中国进一步开展合作。在经贸合作方面，坦、卢两国都希望与中国加快制造业方面的合作；坦桑尼亚天

---

① 新华社：《王毅与坦桑尼亚外长马希加举行会谈》，新华网，http://news.xinhuanet.com/2017-01/10/c_1120280329.htm，2017年1月10日。

然气产业开发也给中国企业带来机遇；同时，卢旺达在信息技术产业以及对接国际产业链方面与中国企业也存在巨大合作空间。

加速该经济带形成的重点工作包括四个方面。一是加速巴加莫约港建设。巴加莫约港是“一带一路”框架下中国至印度洋航线的延伸，将成为与其他东非国家连接的战略中心；2013 年，习近平主席与基奎特总统共同见证该项目合作框架协议签订，目前招商局集团已经与阿曼主权基金共同投资开展建设。二是推进坦桑尼亚中央铁路项目。中央铁路既是坦桑尼亚国家发展战略的重要内容，也是连通该经济走廊的重要基础设施。目前中国与坦桑尼亚、赞比亚共同商议加强坦赞铁路，但也应适时响应坦桑尼亚方面的关切，启动中央铁路的论证、谈判等工作并积极参与。三是合理规划中央铁路沿线产业带发展。主要包括以达累斯萨拉姆和巴加莫约为中心的临港工业带、以多多马为中心的首都经济带和以塔波拉为中心的西北部经济带。四是重视卢旺达信息技术优势与坦桑尼亚人力资源、农产品加工、物流等方面的结合，加速卢旺达—维多利亚湖经济带的发展。

三　小结与建议

在现代化航运业兴起之后，原本遥远莫测的海洋成了成本低廉、贸易繁忙的商路。在“一带一路”建设推进过程中，经济圈的构建也应当更多考虑海洋的通道作用而不是单纯作为一种阻隔。正是基于这样一种思路，当我们重新审视“中巴经济走廊”的印度洋延伸和“中非全面战略合作伙伴”框架下中国在东部非洲的发展时，就可以清晰地看到中国在环印度洋建立经济圈的可能性。

中巴经济走廊是目前中国在印度洋东岸唯一的战略支点，通过中巴经济走廊建设，中国企业获得了更为直接和方便的通往印度洋的投资空间和机会，而且在中国周边的中亚、南亚、东南亚国家中，巴基斯坦与中国政治和外交关系最为密切，这为中巴经济走廊的未来发展奠定了基础。然而同时也应该看到，由于地区形势的复杂性，中巴经济走廊必然会受到中亚、南亚地缘政治的影响。例如，阿富汗政局动荡和克什米尔争端使得中巴经济走廊与中亚国家的合作难以很快展开，印巴矛盾使中巴经济走廊南向发展几无可能，等等。

与此同时，中国在“中非全面战略合作伙伴”框架下，与东部非洲各国的经贸合作取得了长足进展。通过本章的梳理可以发现，在埃塞俄比亚—吉布提走廊、乌干达—肯尼亚走廊和卢旺达—坦桑尼亚走廊，中国通过港陆联运基础设施的建设，不仅提升了影响力，更促进了这些区域经济走廊的形成，这对于提升当地物流效率和制造业水平将起到重要作用。中国也因此在非洲东部沿海获得了若干重要的战略支点。

由于不存在政治争端和外交冲突，在中巴经济走廊和非洲东部沿海的三大经济走廊地带发展过程中，它们之间的经济联系必然会逐渐发展起来。一方面，随着各国产业结构的改变和国民收入的增长，其相互间的可贸易商品种类及需求都将增加，这将带来国际贸易额的提升，例如巴基斯坦可能会增加向东部非洲出口机械设备和纺织品，坦桑尼亚增加向巴基斯坦的天然气出口等；另一方面，由于发展水平不同，各经济走廊间也可能产生技术、产业转移及与之相伴的投资增加，例如肯尼亚和巴基斯坦可能更快地成为技术输出中心。

中国近年来与上述国家的经贸合作促进了上述变化的产生，因此，当印度洋两岸的四大经济走廊之间的经贸合作逐渐增加到一定程度后，一个由中国提供重要公共产品的印度洋经济圈则有望成型。这些重要的公共产品包括协商机制和平台、贸易和投资规则、发展规划对接和协同、产业和技术链条、共同的市场以及金融合作机制，等等。更为重要的是，如果中国不能很好地承担起这样的角色，则其他域外大国也将利用这一趋势成为新一轮区域经济发展的主导国家，并对中国产生负面影响。

为了应对上述期待，中国可以在以下方面重点开展工作。一是促进贸易创造，优化贸易结构。具体措施包括加强四大经济走廊向发达国家和中东国家的出口、增加四大经济走廊之间的国际贸易、优化中国与各经济走廊的贸易结构等。二是引导产业对接和产能合作，促进跨国投资。利用好“非洲—欧美”和“巴基斯坦—海湾国家”两大贸易通道，促进国际产融结合；促进东部非洲科技和创新中心的建设；重视对埃塞俄比亚、坦桑尼亚开展配套性产业对接合作；推动巴基斯坦对东非的技术输出；加快工业园区建设，形成技术产业梯次布局，加强金融支持，积极吸引发达国家投资。三是继续推进重大项目落地实施。包括瓜达尔港及港陆联运通道，亚吉铁路沿线工业园区，内罗毕港、拉穆港及蒙内铁路沿线产业带，巴加莫约港和中央铁路，卢旺达技术创新中心以及各国电力基础设施建设项目，等等。四是加强共同反恐机制。建立情报和信息共享机制，加强军事、警务、装备、技术等方面的交流合作，加强对洗钱、跨境贩毒、人口贩卖等方面的联合打击力度。五是共同应对人道主义危机。共同应对索马里、布隆迪、南苏丹以及巴基斯坦瓦济里斯坦等地区的难民危机，合作建设国际急救走廊，建立机制化的人道主义高层沟通对话平台，加强公共安全、应急救援和医疗卫生等方面能力建设，联合研究预防和终止冲突领域的机制创新。六是建立合作平台和机制。支持建立四大经济走廊有关国家国际智库网络，支持重点行业商协会和企业开展国际合作，加强国际合作金融支持，择机成立政府间合作组织，将“一带一路”框架下的印度洋经济圈建设推上正轨。

第三章　推动“孟加拉湾经济圈”一体化进程

孟加拉湾沿岸主要国家包括印度、缅甸、孟加拉国、斯里兰卡、马尔代夫以及横跨两洋的印度尼西亚。该地区东接马六甲海峡，西出印度洋，加强区域经济合作不仅有利于地区的繁荣与稳定，也能够成为东盟的有益补充，为亚太繁荣注入新动力。同时，对中国推进“一带一路”建设，实现“两洋发展”具有重要意义。

在“坚持与邻为善、以邻为伴，坚持睦邻、安邻、富邻，突出体现亲、诚、惠、容的理念”周边外交基本方针指引下，中国积极推动与孟加拉湾地区的合作交流，不仅在外交方面做了大量努力，也在“一带一路”倡议中开展了孟中印缅经济走廊的建设实践。然而，由于该地区发展基础差、缺少有力的经贸合作机制支撑以及地区大国印度的影响等因素，孟中印缅经济走廊建设面临一系列挑战，进度落后于预期。中国虽然不是孟加拉湾国家，但作为山水相连的邻国，在积极推进孟中印缅经济走廊建设的同时，还应该充分考虑该地区各国的发展现状和战略规划，倡导循序渐进构建“孟加拉湾经济圈”，推动区域经贸合作机制建设，让周边国家得益于中国发展，使中国也从周边国家共同发展中获得裨益和助力，推动孟中印缅经济走廊顺利实施。

本章首先分析该地区发展现状给构建经济圈带来的主要挑战，鉴于印度的特殊影响力，本章将对其进行专题探讨，进而提出中国推动“孟加拉湾经济圈”一体化进程的有关思考和建议。

一　孟加拉湾地区发展现状及主要挑战

从东盟、北美、欧盟等比较成功的经济圈发展实践看，构建区域经济圈客观上需要域内各国经济发展水平差异不大，对外贸易政策能够协调，具备一定的发展基础条件以及不存在较大的地区动荡等，在此基础上可以逐渐形成交通等基础设施的互联互通以及关税贸易规则的协同一致，从而逐步形成协同效应，打造共同市场，促进各国经济增长和社会发展。而从孟加拉湾沿岸国家情况看，上述方面均存在不同程度的挑战。

（一）经济发展水平参差不齐

从经济发展总量看，该地区各主要国家经济总量差异很大。其中经济体量较大的国家为印度和印尼，据世界银行统计，2015 年两国 GDP 总量分别为 2.22 万亿美元和 0.88 万亿美元；而孟加拉国、斯里兰卡、缅甸和马尔代夫 2015 年 GDP 总量则分别为 1949.6 亿美元、761.8 亿美元、633.1 亿美元和 31.9 亿美元。[①] 虽然印度和印尼为地区主要经济体，但印度在推进地区经济一体化方面并未发挥有效作用（后文将详细论述），而印尼的主

① UNCTAD, Handbook of Statistics 2016, http://unctadstat.unctad.org/wds/ReportFolders/reportFolders.aspx? sCS_ ChosenLang = en，最近登录于 2017 年 1 月 10 日。

要发展方向为东南亚，该地区经贸合作机制建设并非其工作重点。孟、斯、缅、马四国不仅无法承担起主导区域经贸合作机制的重任，同时差别较大的经济体量也会导致协调的难度加大。

从人均 GDP 看，虽然在该地区已有国家达到中等收入水平，但大部分仍然是低收入国家。2015 年，马尔代夫的人均 GDP 为 7215 美元，斯里兰卡为 3925 美元，印尼为 3377 美元；而印度、孟加拉国、缅甸则分别为 1357 美元、1236 美元和 1204 美元。[①] 一般而言，人均国民收入存在显著差异的国家在开展国际合作过程中的主要诉求会有很大差异，这也决定了该地区国家在对外经贸政策协调上难以达成一致。

（二）对外贸易协调难度较大

总体而言，孟加拉湾沿岸国家对外贸易依存度都比较高，但各国对外贸易对象差异较大。斯里兰卡和孟加

---

① 商务部：《对外投资合作国别（地区）指南（2016）》，商务部网站，http：//fec. mofcom. gov. cn/article/gbdqzn/，最后登录于 2017 年 1 月 20 日。

拉国主要针对欧美市场。根据联合国贸发会议统计，2015 年斯里兰卡商品出口额为81.8 亿美元，对欧美发达国家出口61.4 亿美元，占比75.1%；孟加拉国商品出口额为322.1 亿美元，对欧美发达国家出口为248.4 亿美元，占比77.1%。缅甸和印尼则主要针对亚洲市场。2015 年，缅甸商品出口总额为111.1 亿美元，对亚洲国家出口105.1 亿美元，占比94.6%；印尼商品出口总额1500.1 亿美元，对亚洲国家出口1034.8 亿美元，占比69%。印度的主要出口对象也为欧美国家，从商品贸易看，2015 年其商品出口总额为2643.8 亿美元，对欧美发达国家出口896.2 亿美元，占比33.9%，对亚洲出口1304.7 亿美元，占比49.3%；但印度的软件外包和服务出口是其重要的创汇来源，2015 年其服务贸易出口额达1554 亿美元，主要对象为美国以及英、德、法等欧洲国家。[①] 马尔代夫的对外贸易依存度较低，2015 年商品出口额仅为2.4 亿美元。由于各国出口贸易对象存在结构

① UNCTAD，Handbook of Statistics 2016，http：//unctadstat.unctad.org/wds/ReportFolders/reportFolders.aspx？sCS_ChosenLang = en，最近登录于2017 年1 月10 日。

性差异，对外贸易政策诉求不同，必然给相互之间的协调带来困难。

同时，该地区多国在纺织品等低技术附加值产品方面均具备比较优势，相互之间存在贸易竞争。根据联合国贸发会议统计，2015 年印度、印尼、斯里兰卡、孟加拉国出口低技术附加值商品（LDC04、LDC05 类商品）额分别为 656.7 亿美元、39 亿美元、294.4 亿美元、234.8 亿美元，分别占其出口总额的 24.8%、15.6%、47.6% 和 91.4%。其中，印度工业体系较为发达，钢铁、汽车、制药、化工等产业竞争力较强，但同时其低端劳动力资源丰富，这也决定了印度很难放弃低技术附加值产品出口。印尼除了劳动密集型产品出口外，还出口油气、橡胶等资源密集型产品，但其同样具有低端劳动力资源丰富的优势，生产低技术附加值产品的产业也是其下一步希望扶植的产业门类。对于斯里兰卡和孟加拉国来说，低技术附加值产品是其国民经济支柱，在对外政策协调上必然力争有利地位。缅甸虽然目前仍然以农产品和能矿资源产品出口为主，但其下一步发展的必然趋势是增加劳动密集型产品份额，因而也成为该地区国家的潜在竞争对手。在这样的情况下，各国在相关贸易规则问题上达成一致的难度较大。

（三）交通、电力基础设施水平较低

世界银行《全球营商环境报告（2017 年）》显示，在全球 190 个国家中，印度尼西亚、斯里兰卡、印度、马尔代夫、缅甸、孟加拉国的排名分别为 91、110、130、135、170、176；世界经济论坛《2015—2016 年全球竞争力报告》显示，在全球 140 个国家中，印度、印度尼西亚、斯里兰卡、孟加拉国的竞争力排名分别为 39、41、71、106。影响各国营商环境和竞争力排名的重要因素之一是落后的交通和电力基础设施。

在交通基础设施方面，印度的公路和铁路里程数较高，但运营维护水平和运输效率很低；其 490 万千米公路中仅有 9 万千米国道和高速公路，其余均为邦道以下级别道路，且国道中 75% 为低等级公路；其 6.6 万千米铁路大部分设备老旧、管理不善、事故频发。印尼是“千岛之国”，其境内公路、铁路里程数仅有 34 万千米和 6458 千米，各岛屿之间的港口水运已跟不上其经济发展

需要。斯里兰卡全国铁路运行里程不足1500千米，铁路货运量仅占全国货运总量不足1%。缅甸公路里程不足3.5万千米，铁路仅5762千米，且技术老旧，运输效率较低。孟加拉国公路里程约2万千米，其中国道约3800千米，铁路里程不足3000千米，且多种制式并存，技术落后。

在电力基础设施方面，印度是世界第四大电力消费国，其电力缺口仍然较大，部分地区时有断电，制约了工业发展，目前印度约有30%电力需要进口。印尼目前电力总装机容量仅有约5000万千瓦，有25%人口没有用上电。缅甸电力总装机容量约470万千瓦，仍有部分人口未能用上电，工业用电缺口依然大量存在。孟加拉国总发电量约4.5万千瓦时，农村大部分地区没有接入电网，约一半人口没有获得电力供应。

（四）非传统安全威胁上升

在区域经济合作机制建立过程中，非传统安全威胁因素将影响政策制定、执行及连贯性。在孟加拉湾地区，目前影响较大的非传统安全威胁因素主要包括印度国内的恐怖袭击和种姓冲突、孟加拉国极端组织扩张、缅甸罗兴亚人问题及北部紧张局势等。

印度境内近年来发生过2008年孟买恐怖袭击案、2011年孟买连环爆炸案、德里高等法院爆炸案等恐怖袭击案件，自2015年以来，印度北部旁遮普邦及克什米尔地区多次发生武装袭击案件。印度方面始终指责这些恐袭案与巴基斯坦有关。由于印度各种姓之间的复杂利益冲突，近年来因此而起的骚乱冲突也时有发生，如2015年在古吉拉特邦爆发的大规模骚乱，导致了公共秩序的失控。印度是南亚次大陆大国，国内形势紧张会分散其处理地区外交事务的资源和精力，同时与巴基斯坦和宗教相关的恐怖袭击事件也会使印度在处理孟加拉国、印尼等伊斯兰国家政策时趋于保守，影响其在区域经济一体化方面发挥大国作用。

自2015年以来，孟加拉国极端主义开始抬头。连续发生多起针对外国人、什叶派穆斯林及警察等的恐怖袭击案件。发生于2016年7月的达卡人质劫持案件导致20

名人质惨遭杀害，其中包括9名意大利人和7名日本人。[①] 尽管孟政府因担心影响外国投资始终否认恐袭事件是“伊斯兰国”所为，但多项证据表明“伊斯兰国”很可能已经渗入孟加拉国。事实上，在伊、叙战场失利的同时，“伊斯兰国”非常重视在孟加拉国的渗透和扩张，并在其“版图”中设立了孟加拉省。极端组织的渗透将迫使孟加拉国加强边境、人员和资金管理，影响地区合作交流及投资者信心。

与孟加拉国安全形势恶化形成呼应的则是缅甸罗兴亚人问题。罗兴亚人是聚居于缅甸若开邦阿拉干地区的穆斯林少数族群。他们为争取公民权与缅政府冲突不断。2016年10月9日，缅甸若开邦恐袭案后，缅军方因处置失当而引发难民潮，致使罗兴亚人问题再次成为国际焦点。罗兴亚人问题对区域经济一体化的不利之处在于影响了缅甸与周边伊斯兰国家的关系。事件发生后，马来西亚、印尼、孟加拉国、泰国等发生多次游行声援，这

① 环球时报：《孟加拉国恐怖袭击令多国愤怒 IS势力或溢出中东》，环球网，http://mil.huanqiu.com/world/2016-07/9118632.html，2016年7月4日。

些国家、政府也通过多种方式向缅甸施压，要求缅赋予罗兴亚人公民权。2016 年 12 月 19 日，昂山素季主动召集东盟 10 国外长商讨罗兴亚人援助方案等事宜，意图寻求折中妥协方案。这是东盟成立 49 年来，首次就成员国的内政问题举行会议。可以预见，如果罗兴亚人问题持续发酵，必然给地区经济合作蒙上阴影。

此外，缅甸北部局势持续动荡也是地区合作的不利因素。2016 年 4 月，全国民主联盟（民盟）上台执政后不久，即召开了旨在推动全国和平进程的“21 世纪彬龙会议”。然而因为种种原因，会议进行并不顺利。彬龙会议后，缅甸军方开始对北部少数民族武装开展军事行动，双方武装冲突不断，大量难民流入中国。截至 2017 年 1 月，缅北战事仍在继续。缅甸的动荡对其境内的外国投资项目及其与其他国家的经贸合作产生了非常不利的影响。

（五）地区一体化意识不强

地区一体化意识是推进地区一体化合作进程的重要因素，纵观全球较为成功的一体化合作案例，其背后都有地区大国、政治人物、商贸往来、文化纽带等因素共同造就的一体化意识作为支撑。然而孟加拉湾地区则相对缺乏以上因素。一是地区大国并未强力推动。该地区的大国中，印度在推动地区经济一体化方面乏善可陈，印尼则更多面向东盟，并未在孟加拉湾地区施加太多影响。二是没有出现推动一体化机制的有影响力的政治人物。在孟加拉湾沿岸国家中，只有孟加拉国时任总统齐亚·拉赫曼于1980年倡议成立南亚区域合作联盟，然而孟加拉国自1972年成立后始终不具备统筹地区合作的能力，南盟的运行也并未起到很大作用。三是域内贸易往来明显少于域外贸易。除印度、印尼外，其余国家国内市场均非常狭小，且产品同质化程度较高，各国以域外贸易为主，再加上部分国家之间存在边界、领土、领海争端，各国之间互联互通不畅等因素影响了商贸往来，因而域内贸易未能起到推动一体化的作用。四是文化纽带存在障碍。该地区同时存在印度教文化、本土伊斯兰文化、本土佛教文化、中华文化以及基督教文化等，其中印度以印度教为主，印尼、孟加拉国、马尔代夫以伊斯兰教为主，缅甸、斯里兰卡以佛教为主，这种情况某种程度上降低了文化对一体化的推动作用。

二 应重视印度对孟加拉湾地区各国的影响力

基于历史传统、地缘政治特点及现实国际环境，印度形成了独特的大国战略思维，其基本目标是“巩固印度在南亚次大陆独一无二的主导地位，并通过大国战略、邻国战略与大周边战略扩展影响力，并最终实现控制印度洋的核心战略目标以及向太平洋延伸的远景战略目标”。[①] 具体到孟加拉湾地区，印度将对马尔代夫、斯里兰卡和孟加拉国的关系作为实现其大国战略目标的手段和具体内容。而冷战结束后印度的“东向政策”，又带动了印度与印尼、缅甸关系的发展，其中印尼被印度视为与东盟开展安全和经济合作的重要支点，而缅甸军政府执政的结束在很大程度上有利于印度推行其地缘政治策略。

① 朱翠萍：《莫迪政府大国发展战略的地缘政治考量——兼论中印战略对接的可能性》，汪戎主编《印度洋地区发展报告（2016）》，社会科学文献出版社 2016 年 5 月，第 11 页。

可以看出，孟加拉湾地区是印度“南亚政策”和“东南亚政策”的结合地带，同时印度主要面向欧美的经济结构决定了印度在推动孟加拉湾地区经济一体化方面缺乏动力。但随着孟中印缅经济走廊建设的推进，印度将加强对这一地区的重视。

（一）印度与马尔代夫形成较为紧密的合作关系

马尔代夫位于印度南端海域，是控制印度洋的关键支点，战略位置极其重要。印度一向视其为自身势力范围，在维护马尔代夫安全和稳定方面发挥重大作用。在1988 年平息马尔代夫叛乱的“仙人掌行动”中，印度在收到被挟持的马总统阿卜杜勒·加尧姆的军事援助请求后迅速行动，在解救出人质、恢复马秩序后有序撤出军队。由于印度在此次事件中的作为得到美国和英国的支持，而其他周边国家也没有参与或干预，因此该事件被视为印、马关系确立的关键。

此次事件后，双方加强了军事与安全合作。2008 年孟买恐袭事件后，双方均担心极端主义利用马尔代夫作为基地在该地区扩张，因此于 2009 年签署全面安全协议。通过此协议，印度将马尔代夫纳入其安全网络，并向其部队提供培训。尽管在马尔代夫有巨大影响力，但印度在2012年及其后的马政局变动中始终保持克制态度。印度的做法不仅将马尔代夫纳入其势力范围，也在地区和国际上赢得了较好的评价，成为“友善型地区领导”的典范；同时马尔代夫也成为印度控制印度洋的重要支点。

（二）印度在斯里兰卡形成和保持了较大影响力

印、斯关系的标志性事件是20世纪80年代印度对斯里兰卡政府与泰米尔反政府组织之间冲突的干预。时任印度总理拉吉夫·甘地意图通过支持泰米尔猛虎组织，以威胁斯里兰卡政府接受印度的和解方案，其核心目的是使斯里兰卡不再接受其他域外国家的安全保护，从而将斯里兰卡纳入印度势力范围。然而，甘地的干预行动失去了控制，印度派往斯里兰卡的军队遭到斯政府和泰米尔猛虎组织的联合打击。在甘地于1991年被刺身亡后，印度大幅度转变了对斯政策，帮助斯政府打击猛虎组织，并积极发展两国经贸关系。2009年泰米尔猛虎组织被消灭后，两国之间的政治障碍基本扫除，并于2012年签署《全面经济伙伴关系协议》。从印、斯关系的发展嬗变可以看出：印度始终坚持斯里兰卡不能与域外国家进行安全合作，而斯里兰卡也接受这种安排；美国并不反对印度作为区域大国在斯里兰卡问题上发挥作用；印度以其国内市场和投资作为印斯合作的主要手段。印度已在政治、经济、外交等方面形成了对斯里兰卡的较大影响力。

在斯里兰卡2015年大选中，新当选的西里塞纳总统和维克勒马辛哈总理曾多次表示要在印度和中国之间实现外交平衡。西里塞纳总统当选后很快首访印度，而印度总理辛格也很快回访斯里兰卡，两国关系快速升温。而就在两国元首互访期间，斯里兰卡叫停了中国投资开发的科伦坡港口城项目。应该说，西里塞纳政府对中国的态度既有其大选需要，也有其执政后执行外交平衡策略的需要。[①]但问题的关键在于，印度目前并未在继续升级与斯里兰卡

① 叶海林：《印度南亚政策及其对中国推进“一带一路”的影响》，汪戎主编《印度洋地区发展报告（2016）》，社会科学文献出版社2016年5月，第38页。

的经贸合作关系方面做好准备，同时斯里兰卡也需要得到中国的支持和帮助。2016 年西里塞纳总统访问中国之前，斯里兰卡恢复科伦坡港口城项目就是很好的说明。

（三）印度将孟加拉国视为其地缘政治安全的重要因素

印度通过支持孟加拉国独立增强地缘政治安全。在 1971 年东、西巴基斯坦分立以及孟加拉国独立战争中，印度通过支持东巴基斯坦境内的反叛组织动摇了巴基斯坦的统治地位，并为其后的军事干预奠定了基础。1971 年印巴战争的一个重要地缘政治结果就是孟加拉国的独立，此后印度在南亚次大陆受到的地缘政治威胁大大降低。孟加拉国独立后与印度关系时有起伏，孟民族主义党执政时期比较注意防止印度的控制，而孟人民联盟执政期间则重点发展与印度关系；印、孟两国之间因边界、水资源分配及难民等问题长期存在争议。总体而言，印度比较警惕孟加拉国威胁其国家安全，而孟加拉国比较重视在独立自主前提下发展两国关系。

2015 年以来，印、孟两国在推动解决双方边界纠纷问题上取得了重大进展。2015 年 6 月，印度总理莫迪访问孟加拉国期间，与孟加拉国总理哈西娜共同见证了领土交换协议的签署。按照协议，两国互换4000千米边界上约200个小型飞地，这些飞地上的5万多名居民也将重新确认国籍。同时，印度也提出修建与孟加拉国之间的桥梁和海底隧道，并积极推动与孟加拉国、不丹及尼泊尔之间的互联互通。但是必须看到，印、孟之间经贸合作的大幅提升仍然有待时日，一方面印度推进解决印、孟遗留问题主要是基于地缘政治安全原因而非经济原因；另一方面两国之间还存在水资源争端等重大问题悬而未决。无论如何，印度正在通过政治和外交努力，使孟加拉国在其发展区域经贸合作时成为战略选项之一。

（四）印度抓住机遇推进与缅甸的全方位合作

长期以来，印度都将缅甸视为地缘政治的缓冲地带。著名地缘政治学家巴里·布赞曾将缅甸称为"隔离国"，认为缅甸具有"隔离南亚、东南亚及中国的作用"。[①] 从

---

① Barry Buzan and Gowher Rizvi, *South Asian Insecurity and the Great Powers*, New York: St Martin's Press, 1986.

20 世纪 90 年代直到 21 世纪前 10 年，印度和缅甸都相互支持对方境内的反叛组织活动，以此作为针对对方的手段，这也导致印度与缅甸军政府长期处于敌对状态。对于印度而言，在此期间缅甸更多意味着地缘政治方面的威胁，一方面缅甸为印度东北部各邦的分离主义组织提供庇护和支持；另一方面缅甸与中国的关系也是印度顾虑的原因之一。印、缅关系长期迟滞不前也在很大程度上影响了印度自冷战后大力推行的“东向政策”。

缅甸自 2010 年开始的政治转型为印度推进印、缅关系发展提供了良好机遇。首先，缅甸吴登盛政府推进民主化和民族和解，以及将民盟领导人昂山素季纳入政治进程等措施，意味着缅甸开始通过与西方国家合作重新定位自身在区域格局中的地位，同时也意味着缅甸实现了对外战略从一边倒向“大国平衡”的彻底转变。① 其次，以美国为首的西方国家积极响应缅甸的政治和外交转向，2012 年美国总统奥巴马访问缅甸无疑释放出承认

① 刘稚、黄德凯：《缅印关系的新发展及其对区域合作格局的影响》，卢光盛、刘稚主编《大湄公河次区域合作发展报告（2016）》，社会科学文献出版社 2016 年 9 月，第 128 页。

缅甸国际体系新定位的明确信号。而印度也并未在美国介入地区事务问题上表示反对，反而乐于让美国起主导作用以帮助自己打开对缅甸的外交局面。最后，缅甸的转型为印度“东向战略”提供了新的战略支点，除了宏观的经贸合作机遇外，非常关键的是印度能够通过与缅甸的互联互通增加通往孟加拉湾和辐射东南亚的港口，改变孟加拉国北部狭长通道对其东北部各邦物流交通的制约局面。

在此背景下，印度加快了与缅甸开展全面合作的步伐。一是加强双方政治互信。印度高度重视与吴登盛及民盟政府的政治交流，缅甸的政权交替并未影响双方建立高层不定期会晤机制。2016 年 10 月，印度总统莫迪与缅甸国务资政昂山素季进行会晤，共同见证了两国经济合作协议的签署，进一步巩固了印缅合作关系。[①] 二是促进双方经贸合作。印、缅两国通过建立部长级磋商机制、双边经贸合作委员会机制、设立边境贸易区等措施积极

① 中国驻缅甸经商参处：《昂山素季与印度总理莫迪举行会晤》，商务部网站，http：//mm. mofcom. gov. cn/article/jmxw/201610/20161001422687. shtml，2016 年 10 月 21 日。

促进经贸合作。双边贸易额由2011年的13.38亿美元增加至2015年的20亿美元，印度目前已成为缅甸的主要投资来源国之一。[①] 三是实现交通互联互通，印、缅两国通过修建缅印泰三国高等级公路、开发加拉丹河及跨境公路水陆联运、增加两国直通航班等措施，加快了两国间交通通道建设和物流贸易畅通。[②] 四是加强军事与安全合作。针对双方边境的武装组织问题，两国不仅加强联合打击，也强化了两军之间军事演习、武器装备及人员培训等方面的合作；同时，两国还开展了对孟加拉湾和安达曼海的联合协调巡逻。此外，双方还注重加强人文交流，印度也承诺向缅甸提供更多援助，等等。

（五）印度将印尼视为"东向政策"的重要支点

印度自独立后至冷战中期与印尼之间的关系"从热到冷"。印度独立后，尼赫鲁政府积极支持印尼独立运

---

① 中国驻曼德勒总领馆经商室：《缅印贸易额下财年将增至30亿美元》，商务部网站，http://www.mofcom.gov.cn/article/i/jyjl/j/201511/20151101153785.shtml，2016年7月25日。

② 殷永林：《21世纪以来印度与缅甸经济关系发展研究》，《东南亚纵横》2015年第4期，第29页。

动，与苏加诺政权合作紧密，两国关系在 1955 年亚非万隆会议时达到了顶峰。但是，尼赫鲁时期的印度并不认为自身具备向东南亚提供安全保障的能力，也对与东南亚国家大规模发展经贸关系不感兴趣，因此在"不结盟"原则指导下，印度并未加入任何区域性的安全防卫机制，也拒绝加入与东盟的合作。[①] 在冷战中期，印度与印尼关系因 1971 年印巴战争和越南入侵柬埔寨问题出现裂痕。在 1971 年印巴战争中，印尼支持巴基斯坦一方，并指责印度干预巴基斯坦内政；而 1978 年越南在苏联支持下入侵柬埔寨后，印度对越南的支持使得两国关系更加冷淡。应当指出，印度在冷战期间与苏联的结盟引发了包括印尼在内的东南亚国家的普遍反感和担忧。

冷战结束后，印度"东向政策"促进印度、印尼关系迅速升温。1992 年，印度拉奥政府提出"东向政策"，开始发展与东南亚国家之间的合作关系，印尼成为该政策的重要支点。在军事安全合作方面，印度开始加强对

---

① Kripa Sridharan, *The ASEAN Region in India's Foreign Policy*, Aldershot: Dartmouth Publishing, 1996, p. 49.

位于马六甲海峡西端的安达曼海和尼科巴群岛的控制，以此作为增强对孟加拉湾控制力和向东南亚及南海投射能力的重要基地；同时，印度开始加强与印尼的军事安全合作。自1995年开始，印度与印尼等国开展了围绕安达曼海和尼科巴群岛的“米兰”多边军事演习；从2003年开始，两国在边界线进行联合巡逻；双方还签订了国防合作协议，建立军事磋商机制，并共同开展反恐、装备及培训方面的合作。

在印度“东向政策”指引下，经贸合作成为两国合作的重点领域。继印度与东盟建立“10+1”合作机制、签署《东南亚友好合作条约》后，印度与东盟完成了服务和投资领域的自由贸易协定谈判，结成战略伙伴关系。对于印度而言，印尼不仅是东盟的核心成员，也是重要的能源供应来源。开展与印尼的合作，不仅能够更好地实现与东盟的对接，也能够大幅缓解国内能源短缺局面，实现能源进口多元化。因此，从20世纪90年代以来，双方政府持续不断加强经贸合作。1999年，两国签署促进和保护投资协议；2003年开始，双方联委会建立了促进经贸合作的工作机制；2010年起，两国开始就全面经济合作进行谈判，并签订大量经济技术合作协议；2016年12月，两国签署促进战略伙伴关系等3项协定与合作备忘录，并优先强化国防与安全合作。近年来，印度与印尼之间贸易额不断上升，其中，印度对印尼的出口由2003年的10.4亿美元上升至2015年的28.7亿美元，印度从印尼的进口由2003年的23.1亿美元上升至2015年的139.4亿美元。[①] 在投资合作方面，目前印尼已成为印度的主要投资来源国之一。

三　孟中印缅经济走廊面临的主要困难

在“一带一路”倡议中，孟中印缅经济走廊的构想体现了中国与南亚国家在“共商、共建、共享”原则下加强建设合作共赢的伙伴关系，促进经贸合作和繁荣稳定的总体思想。与“一带一路”倡议中的其他五大经济走廊——中蒙俄经济走廊、新亚欧大陆桥、中国—中亚—西亚经济

① UNCTAD, Handbook of Statistics 2016, http://unctadstat.unctad.org/wds/ReportFolders/reportFolders.aspx?sCS_ChosenLang=en，最近登录于2017年1月10日。

走廊、中国—中南半岛经济走廊以及中巴经济走廊相比，中国在孟中印缅经济走廊建设中所采取的诸如加强基础设施建设合作、促进互联互通、加快制造业发展以及提升经贸合作水平等方面的措施和做法并无实质性的不同，该经济走廊建设进展不顺主要根源于该地区的特殊情况和原因。孟中印缅经济走廊面临的主要困难包括以下方面。

（一）该地区的“碎片化”现状不利于区域经济整合

从前文分析可以看出，孟加拉湾地区各国存在经济发展水平参差不齐、对外贸易协调难度较大、基础设施水平较低、非传统安全威胁上升以及地区一体化意识不强等问题。从某种程度来说，在该地区尚不存在较为强力的一体化经贸合作机制，整体处于“碎片化”状态。目前，该地区的主要区域化经贸合作机制包括由孟加拉国、不丹、印度、马尔代夫、尼泊尔、巴基斯坦、阿富汗和斯里兰卡等国家组成的“南亚区域合作联盟”，以及由印度、孟加拉国、不丹、尼泊尔、斯里兰卡、缅甸和泰国组成的“环孟加拉湾多领域经济技术合作倡议”。在实践中，这两大机制并未能很好地起到强化区域一体化合作的作用，也难以对孟中印缅经济走廊起到支撑性作用。

"南亚区域合作联盟"（以下简称"南盟"）成立于1985年，2005年吸收阿富汗为成员国。南盟的目标包括推动政治合作、增强成员国互信，推动区域经济合作和发展，加强文化交流和技术发展以及维护地区安定等方面，截至2014年已召开了18次首脑会议。然而，与全球其他区域一体化合作机制相比，成立30余年的南盟发展并不成功。其最重要的原因在于印巴、阿巴矛盾长期得不到解决，以及由于缺乏政治互信导致的合作机制缺失问题；此外，南盟各国存在经济竞争，传统和非传统安全挑战不断增加等也使得南盟发展十分艰难。[①] 2016年10月，由于克什米尔军事基地遭袭，印度谴责巴基斯坦并抵制原定于11月召开的南盟第19次峰会，孟加拉国、阿富汗和不丹也相继加入抵制行列，短时间内举行峰会困难重重。[②] 此外，主要由于印度的反对，导致中国

① 解世红：《浅析南盟的作用及与中国的合作关系》，《和平与发展》2015年第3期，第50页。

② 商务部：《四国抵制南盟峰会》，商务部网站，http://www.mofcom.gov.cn/article/i/jyjl/j/201610/20161001405333.shtml，2016年10月9日。

无法成为南盟成员国，而南盟中也并不包含缅甸，因此很难对孟中印缅经济走廊起到协调和支持作用。

“环孟加拉湾多领域经济技术合作倡议”（以下简称“环孟加拉湾经合组织”）成立于 1997 年，2007 年吸收不丹和尼泊尔为成员国，该组织也是南亚、东南亚之间共建的第一个区域性经济合作组织，迄今仅召开过三次峰会。从环孟加拉湾经合组织成立至今，其成员国之间尚未形成较为紧密的协调运行机制，合作处于低水平松散状态。2014 年第三届峰会的成果仅仅停留在“同意深化在该组织框架内的各领域合作”“呼吁加快批准该组织有关合作打击恐怖主义的相关协议”以及“尽快完成成员国之间货物贸易协议的谈判，并尽早签订在该组织自由贸易合作框架下的争端解决和关税互助协定”等较为浅显的层面，其深层次合作依然任重而道远。

从两大机制的运行现状可以看出，该地区国家也在进行区域经济一体化方面的沟通和努力，但复杂的地区形势及矛盾冲突，再加上各国之间经济发展水平低、竞争激烈等原因，导致一体化进程难度很大。此外，无论是南盟还是环孟加拉湾经合组织都没有将印尼、中国吸收为成员国，这对区域经济圈的建立也十分不利。

（二）印度对中国在南亚的发展存在戒备和担忧

印度称霸印度洋的野心是根深蒂固的，印度无论是精英阶层还是朝野都认为中国参与印度洋事务，不论其性质如何本身就是对印度利益和特权的威胁。[①] 而目前，印度面临着北有"中巴经济走廊"，东有"孟中印缅经济走廊"的局面，这种固有的地区霸主意识无疑会遭受极大挑战。因而印度国内始终从地缘政治角度解读"一带一路"倡议，更多地将这一倡议理解为中国的"扩张"和"威胁"。应当看到，由于印度的地区大国地位，同时周边国家也非常清楚其防范中国的意图，因此很多时候并不需要印度采取明显的行动，这种"防范"心态的存在就足以刺激地区小国在中、印之间采取大国平衡战略来谋取利益。同时，在这种"防范"和"戒备"心态下，印度针对这两大走廊所采取的更多是"应对"而

① 叶海林：《强势政府心态下的印度对华政策》，《印度洋经济体研究》2015 年第 3 期，第 4 页。

不是“对接”。

其一，印度在“一带一路”倡议提出后即提出“季风计划”，以从战略层面加以应对。该计划的核心要义是以文化与历史为纽带，恢复古代“香料之路”，促进环印度洋区域合作，在从南亚次大陆到整个环印度洋的广大区域内打造以印度为主导的地区合作新平台。该计划提出后，印度便不断扩充和充实其内容，以寻找与“一带一路”平起平坐的主导地位。其二，在中巴经济走廊问题上，印度除了对巴基斯坦继续保持威慑和抵制外，也加强了与俄罗斯、伊朗及中亚国家的合作，例如共同开发伊朗恰巴哈港、共建中亚油气管线等措施，意图从更大的战略范围内形成对中巴经济走廊的围堵和竞争。其三，印度一向视孟加拉国和缅甸为地缘政治安全的重要因素，因此在中国推动建设孟中印缅经济走廊的同时，印度也加大与孟、缅两国的合作力度，以防止其从战略上倒向中国。此外，印度对斯里兰卡、马尔代夫具有很大影响力，如前文提及的科伦坡港口城项目被叫停背后就反映出印度因素带来的合作挑战。

（三）部分国家政局变化导致大型项目遭遇困难

除了科伦坡港口城项目之外，缅甸政局变化也导致一些大型项目遭遇困难。其主要原因是在缅政治转型过程中，西方势力的介入与当地复杂的各种利益势力结合，在放松社会管制后大量兴起的非政府组织推波助澜下，中资企业的营商环境迅速恶化。这种情况在密松大坝、莱比塘铜矿、中缅油气管道项目建设中表现得非常明显。

在缅甸前政府邀请下，中资企业从 2006 年开始密松大坝的勘探、选址等前期工作，双方于 2009 年 6 月签订备忘录，并于当年 12 月开工建设。在密松大坝筹备和建设过程中，克钦网络发展组织等非政府组织联合西方环保组织，在美国亚洲协会支持下，通过各种手段煽动当地居民情绪，向吴登盛政府施压。2011 年 9 月 30 日，缅甸政府单方面宣布搁置密松大坝建设工程。密松大坝事件背后，也有当地武装势力企图分享经济利益的因素。在缅北局势动荡的情况下，该项目未来发展仍然存在较大困难。

莱比塘铜矿项目协议签订于 2010 年，该项目总投资额为 10.65 亿美元，设计产能为 10 万吨阴极铜/年，于 2012 年 3 月 20 日举行了开工仪式。① 项目开工后，"缅甸河流网络""缅甸政治犯救助会""88 学生组织"等非政府组织就开始组织抗议活动，引发民众与政府冲突以及全国性抗议。虽然经过缅政府调查并实施改进措施后该项目得以重启，但一些非政府组织仍然继续抗议活动，导致项目时常出现反复。

中缅油气管线项目协议签订于 2009 年，其中天然气管道于 2013 年贯通，石油管道则于 2015 年贯通输油。在项目建设过程中，由在孟加拉国、印度和泰国的流亡人士组成的"丹瑞天然气运动"组织在西方媒体帮助下，大肆渲染该项目损害缅甸利益，引发民众游行示威。由于缅甸政府在实施与项目相关的公益项目时做法不当，该项目遭到沿线民众反对。虽然项目已经完成，但缅民间仍然存在反对的声音。

目前，中缅皎漂经济区项目是孟中印缅经济走廊即

① 廖亚辉：《缅甸：中资莱比塘铜矿为何遭反对》，《世界知识》2013 年第 9 期，第 29 页。

将开展的重要大型项目之一。该项目由中信联合体于2015年中标，主要包括深水港和临港工业园区等，该项目还将与中缅油气管线以及计划中的中缅铁路结合，成为中缅经贸合作的主要设施。虽然目前项目尚未大规模开建，但当地民众中已经暴露出不满情绪和反对意见。再加上项目所在的若开邦地区罗兴亚难民问题正在发酵过程中，项目建设过程也将遇到诸多问题。

（四）支撑机制和覆盖范围不足

按照项目规划，孟中印缅经济走廊仅覆盖印度、缅甸和孟加拉国三个国家，而从区域政治经济发展现状来说，将遇到支撑机制和覆盖范围均不足以保障的困难。

一方面，仅依靠中印、中缅关系不足以支撑项目建设。由于地理原因，中国与孟加拉国之间无法直接修建交通通道，必须通过印度或缅甸，虽然中孟关系良好，但在孟中印缅经济走廊建设中难以发挥重大作用。当前的挑战在于，印度对“一带一路”建设持有戒备和担忧心态，同时缅甸新政府既面临大量内外矛盾，又希望在西方、印度和中国之间进行博弈，中印、中缅关系对走廊建设的支撑作用下降。

另一方面，在孟加拉湾地区的马尔代夫、斯里兰卡、印尼等国并不在该走廊覆盖范围内，难以发挥作用。从发展程度和需求来看，马、斯和印尼三国经济发展水平都相对较高，虽然受限于与印度之间的安全合作关系，但三国与中国进一步开展经贸合作的需求和意愿都很强烈。从影响力来看，马尔代夫和斯里兰卡与印度关系密切，其与中国合作的意愿能够得到印度的重视和认同；印尼是东盟主要国家，同时与印度关系较好，在该地区也具备一定影响力。从发展效果看，如果将合作覆盖面扩展到孟加拉湾地区，促进区域经济发展，对印度而言也具有更大的吸引力。反之，在没有建立相关机制的情况下，个案的矛盾很容易影响双、多边合作。例如在斯里兰卡科伦坡港口城和汉班托塔港项目开发中，一旦发生问题，缺乏区域合作机制加以调节，则将影响中、印、斯三方关系，反而不利于问题的解决。

四 小结与建议

孟中印缅经济走廊建设与孟加拉湾经济圈一体化进程相辅相成。面对地缘政治经济格局的特点和变化情况，应积极利用有利因素，化解不利条件。通过前文分析可知，孟中印缅经济走廊所面临的困难主要来源于两个方面：一是地区大国印度的阻碍，二是区域经济发展的困难。因此，笔者认为应着眼长远，以推动“孟加拉湾经济圈”一体化进程为基础，逐步推进孟中印缅经济走廊建设。

第一，积极争取与印度协调立场政策。印度对于“一带一路”倡议的态度不可能很快发生转变，尤其是在中巴经济走廊建设推进较快的情况下，印度很难接受孟中印缅经济走廊的快速推进。对于印度在孟加拉湾地区经济一体化中的作用应该辩证看待：一是印度在该地区经营时间长、影响力根深蒂固，中国在南亚地区的发展是不可能回避印度因素的，即使在与地区其他国家的双边合作中，也应该考虑印度的影响。二是不能将印度参与作为“一带一路”成功与否的标志，应看到印度虽然对“一带一路”带有戒备和担忧，但作为经济合作机制和倡议，印度也只能在经济合作层面进行应对，轻易不会采取极端行动加以阻碍。三是既要看到印度的保守立场，也应看到中国推进“一带一路”的过程也会促使印度积极行动，利用自身影响力促进区域经济一体化和发展；四是应积极争取与印度相向而行，在做好中印双边合作的同时，吸引印度共享“一带一路”建设成果，从而使双边合作效应辐射到多边。

必须指出的是，从印度的南亚外交政策看，其对于中国与南亚国家开展军事安全合作以及提供公共产品的行动十分敏感。因此，应把握好中巴经济走廊与孟中印缅经济走廊两大项目之间在节奏、力度和方式等方面的协同，在大力推进中巴经济走廊建设的同时，在孟中印缅经济走廊建设中不应过多强调其战略性，避免过度刺激印度，造成不必要的误会和麻烦。同时也应避免由于过度强调战略性而引发地区其他国家在中、印之间进行大国博弈，避免形成安全上与印度合作、经济上依赖中国发展的不利局面。总体而言，在孟加拉湾地区推进

“一带一路”建设过程中，应秉承宜“软”不宜“硬”、“重商业”而非“重战略”的原则，使合作项目回归商业本质，避免付出不必要的成本。

第二，加强与印尼、斯里兰卡和马尔代夫的合作。目前，中国正积极推动“海上丝绸之路”与印尼“全球海洋支点”战略的对接，重点在基础设施、港口码头、船舶制造、海洋经济、能源开发及制造业发展等方面进行合作。在下一步的合作中，除了通过开展中印尼合作以加强与东盟的合作之外，应充分发挥印尼在孟加拉湾方向的影响力，尤其是印尼西部经济较为发达，应引导中国投资通过与印尼的合作，辐射孟加拉湾地区，带动缅甸与孟加拉国的发展。同时通过中印尼合作，引导印度积极参与甚至主导孟加拉湾一体化进程。

同时，应支持中国东部沿海—马六甲海峡—印尼—斯里兰卡—马尔代夫—印度洋海上商路的发展。充分利用斯里兰卡、马尔代夫发展程度较高、地理位置优越的特点，通过孟加拉湾南部商路的繁荣与发展带动整个地区发展进程。

第三，拓宽孟中印缅经济走廊合作面。应当看到，缅甸面临诸多国内问题，孟加拉国发展程度不高，缅、孟还面临极端组织“伊斯兰国”在南亚扩张的威胁。在这种情况下，一味强调大型项目上马、增强投资合作并无基础，在某些情况下反而容易授人以柄，被西方利用来作为遏制中国的借口，增加投资成本和风险。建议尝试与印度加强沟通，倡议在缅、孟两国合作应对恐怖主义等非传统安全威胁，各方共同维护和平稳定的发展环境。重点应防止缅甸、孟加拉国成为南亚恐怖主义基地。

同时，在开展互联互通基础设施建设过程中，应与印度、缅甸、孟加拉国共同开展研究和规划，尽可能连接和升级既有项目，而非新建大型项目。在项目筹备和建设过程中，应积极开展国际合作，争取多方共商、共建和共享，注重履行社会责任和与当地社区民众的沟通，尤其重视防止西方势力借非政府组织之手插手干预。

第四，应重视解决中国与有关国家的贸易不平衡问题。由于中国在制造业成本方面的优势，多年来已经形成中国对孟加拉湾国家大额贸易顺差的局面。这也是近年来有关国家对与中国进行深入合作主要担心的问题。应当看到，在与制造业水平弱于中国的国家合作进行

“一带一路”建设时，片面地强调“通”，只能给对方带来中国商品加快涌入的担忧，而不是对互联互通存在期待。因此，在与孟加拉湾国家开展合作时，应支持中国企业通过投资合作的方式帮助其打开中国市场。就政府层面而言，可以采用补贴加工、订立标准、特殊市场准入等方式逐步开展，并最终过渡到关税同盟和共同市场的建立。

第五，建立“孟加拉湾经济圈”沟通合作平台。无论是南盟还是“环孟加拉湾经合组织”，都存在机制设计方面的不足，更无法将孟中印缅经济走廊作为重要议题进行磋商。一方面在加强与上述两个合作机制进行沟通、对话并积极参与的同时；另一方面应逐步建立中国主导的“孟加拉湾经济圈”沟通对话机制，其主要目标是促进地区一体化合作、维护地区安全稳定、增加人文科技交流以及促进孟中印缅经济走廊建设。当然，类似合作平台建设必然引起印度的敏感和反应，因此在具体实施时不应操之过急。应充分发挥公共外交、智库合作、人文交流等民间机制的作用，循序渐进推进“孟加拉湾经济圈”一体化进程。

主要结论和建议

在“一带一路”倡议框架下规划的六大经济走廊中，中蒙俄、中国—中南半岛走廊和新亚欧大陆桥，由中俄全面战略协作伙伴关系、中国—东盟对话关系以及中国—中东欧“16+1”机制等加以保障，虽然不免国际竞争，但相对而言地缘政治风险较小。而中国—中亚—西亚、中巴、孟中印缅三大经济走廊则处于地缘政治关系非常复杂的区域中。

通过本报告的分析可以看出，“一带一路”西行必须面对俄罗斯、伊朗、印度三个地区大国及阿富汗问题、巴基斯坦安全问题、印巴矛盾和孟加拉湾问题等挑战。

一 “一带一路”西行面对的主要地区性大国

在本报告中构建了“一带一路”西行中俄罗斯、伊朗和印度三个地区性大国的观察框架。

俄罗斯在冷战结束后失去了苏联在中亚地区的重要地缘政治空间，但从未放弃过在该地区建立和扩大影响力的努力。近年来，随着俄罗斯经济好转，其在中亚地区的战略行动力也显著增强。主要表现在通过建立集体安全条约组织向哈萨克斯坦、吉尔吉斯斯坦和塔吉克斯坦提供军事和安全保护；通过构建欧亚经济联盟构筑了连接欧亚的关税同盟和共同市场；通过参与上海合作组织建立了与中国的对话平台。俄罗斯在中亚地区的主要战略目标是维持其地区大国影响力，抵制美国等西方势力的渗入，掌控里海及中亚地区的油气资源定价权以及防止“三股势力”对俄罗斯的侵害。中国与俄罗斯在中亚地区有广泛的共同利益，但必须重视其在该地区的重大影响力。

伊朗在历史上对中亚地区有重大影响力，即使受制于国际制裁，伊朗也从未放弃过以阿富汗为中心的中亚策略。制裁解除后，伊朗抓住有利时机在海湾国家和中亚方向进行了“蝶形展开”。但由于叙利亚、黎巴嫩、也门等问题以及宗教、历史等因素，伊朗不可能在海湾国家获得更多战略空间。而基于长期的宗教联系及地缘政治扩张需求，伊朗下一步将向中亚扩张作为其战略方向之一，主要手段包括要求加入上海合作组织、实现与欧亚经济联盟互联互通、积极促进里海国家之间合作以及加强与阿富汗和巴基斯坦的合作，等等。中国在能源合作、阿富汗问题解决等方面与伊朗有共同利益，但伊朗与印度合作开展与中巴经济走廊的竞争也带来新的挑战。如果伊朗加入上海合作组织，则对中国而言如何通过构建均势格局以及机制化建设确保中国的主导地位等问题也应加强重视。

印度的“大国思维”战略决定了其对中国在印度洋的任何发展都抱有反感和忧虑，因此，中巴经济走廊和孟中印缅经济走廊的建设对印度而言意味着重大挑战。对此，印度在战略上推出了“季风计划”加以应对，在缓和印、巴关系的同时持续保持威慑，并在克什米尔问题上非常敏感。孟加拉湾地区是印度南亚政策和“东向行动”的分界地带，印度对马尔代夫、斯里兰卡的影响力较强，将孟加拉国视为地缘政治安全的重要因素，并加快推进与缅甸和印尼的合作。无论是中巴经济走廊还是孟中印缅经济走廊，中国都很难得到印度的支持。但中国在孟加拉湾地区促进经贸合作的做法可以增加中印在该地区合作的可能性。

本报告的未尽之处在于未能对美国及西方国家的地区政策和影响力变化进行详细预测和分析，但本报告构建的地区大国关系基本框架可以作为进一步分析的基础。

二 “一带一路”西行面临的主要地缘政治问题

通过本报告的分析，可以清晰地识别出阿富汗问题、巴基斯坦安全问题、印巴矛盾及孟加拉湾一体化进程滞后是影响“一带一路”西行的主要问题。

从近年来阿富汗问题的嬗变可以看出，美国在阿富汗反恐战争后建立的政权难以控制局面，阿富汗塔利班组织的重新崛起成为影响阿安全形势的重要原因；阿富汗问题涉及美国、沙特、巴基斯坦、印度、俄罗斯、伊朗等众多国家，尤其阿富汗和巴基斯坦之间错综复杂的关系使阿富汗问题在短期内难以解决，“伊斯兰国”和“基地组织”的发展更增加了问题的复杂性。阿富汗问题对中国最大的影响在于边疆和国土安全，同时对中巴经济走廊和中国与中亚的合作均产生不利影响。下一步阿富汗问题将成为中美俄及伊斯兰国家博弈的焦点。

巴基斯坦安全问题主要源于“巴塔”和俾路支民族主义势力，“伊斯兰国”的渗透使巴境内恐怖组织发展具有国际性。印巴关系和阿巴关系都对巴安全形势有重大影响。巴安全问题对中巴经济走廊建设和巴经济发展构成重大障碍。

印巴矛盾根深蒂固，短期内无法解决，这也造成中巴经济走廊的南向发展几无可能。对于中国而言，强力推进中巴经济走廊无疑将招致印度的反感，同时也对中国在南亚地区的发展带来新的挑战。

孟加拉湾地区各国经济发展程度参差不齐，国际贸易政策很难协调，基础设施条件较差，且缺乏一体化意识和合作机制。印度虽然在该地区有强大影响力，但在推进一体化建设方面乏善可陈，同时并不支持“一带一路”建设，孟中印缅经济走廊建设面临诸多困难。

三　有关发展建议

面对复杂局面，本报告提出经济圈重构的方案，意图在此基础上进行外交和经济方面的整合，以利于“一带一路”建设推进。

一是在“大中亚经济圈”中加强与俄罗斯和伊朗的合作。将应对极端组织、打击“三股势力”作为重中之重；支持伊朗加入上海合作组织；加强“一带一路”与“欧亚经济联盟”的对接；重视里海油气资源开发；在基础设施建设上加强与俄、伊的沟通合作。

二是促进中巴经济走廊与非洲东部沿海地区的互联互通。充分认识到中巴经济走廊在中亚和南亚方向的发展局限，尽快推动其向印度洋的延伸；加快实现亚吉铁路和吉布提港、蒙内铁路和蒙巴萨港、坦桑尼亚中央铁路和巴加莫约港的港陆联运以及加强沿线产业带建设；构建沟通合作平台，以四大经济走廊为支柱打造“印度洋经济圈”。

三是推进“孟加拉湾经济圈”一体化进程。重视中印尼合作在孟加拉湾发挥辐射和带动作用，支持中国东部沿海—印尼—斯里兰卡—马尔代夫—印度洋商道繁荣；加强与印度在缅、孟非传统安全问题上的合作，防止该地区成为极端组织基地；支持印度在推动区域一体化方面的努力；建立中国主导的“孟加拉湾经济圈”沟通合作平台。

中英文参考文献

中文参考文献：

曹翀：《当代伊朗与阿富汗关系探析（1979—2009）》，硕士学位论文，西南大学，2011 年。

陈利宽、陈丽蓉：《索马里民族国家构建的阶段和特征探析》，载李安山等主编《中国非洲史研究会文集（2015）》，社会科学文献出版社 2016 年版。

富景筠：《欧亚经济联盟的历史演变过程、动因及趋势》，载《丝绸之路经济带与欧亚经济联盟：如何实现战略对接?》，社会科学文献出版社 2016 年版。

高伊琛：《穆塞韦尼总统五连任》，《南方人物周刊》

2016 年第 5 期。

黄民兴：《阿富汗问题的历史嬗变》，中国社会科学出版社 2013 年版。

金良祥：《后协议时代伊朗与大中亚地区的关系探析》，《新疆社会科学》2016 年第 4 期。

腊翊凡：《埃塞俄比亚的复兴之路：从历史到未来》，《中国投资》2016 年第 16 期。

李丽、苏鑫：《巴基斯坦安全形势对中巴经济走廊建设的影响》，《国际经济合作》2015 年第 5 期。

李旦：《2016：大选年看非洲》，《半月谈》2016 年第 8 期。

李世强：《上海合作组织与独联体集体安全条约组织的安全职能比较》，《法制与社会》2009 年第 32 期。

李湘云：《当代坦桑尼亚国家发展进程》，浙江人民出版社 2014 年版。

李永全：《“一带一路”——超越博弈的合作理念》，载李永全、王晓泉主编《“一带一路”建设发展报告（2016）》，社会科学文献出版社 2016 年版。

李智彪：《非洲工业化战略与中非工业化合作战略思

考》，《西亚非洲》2016 年第 5 期。

廖亚辉：《缅甸：中资莱比塘铜矿为何遭反对》，《世界知识》2013 年第 9 期。

刘向阳：《巴基斯坦俾路支危机：原因与应对》，《理论月刊》2015 年第 11 期。

刘稚、黄德凯：《缅印关系的新发展及其对区域合作格局的影响》，载卢光盛、刘稚主编《大湄公河次区域合作发展报告（2016）》，社会科学文献出版社 2016 年版。

刘宗义：《中巴经济走廊建设：进展与挑战》，《国际问题研究》2016 年第 3 期。

卢光盛、邓涵：《经济走廊的理论溯源及其对孟中印缅经济走廊建设的启示》，《南亚研究》2015 年第 2 期。

鲁力：《当前巴基斯坦反恐形势及面临的挑战》，《国际研究参考》2015 年第 5 期。

商务部：《对外投资合作国别（地区）指南（2016 年版）》。

苏畅：《乌兹别克斯坦》，载孙力、吴宏伟主编《中亚国家发展报告（2016）》，社会科学文献出版社 2016

年版。

孙德刚、陈友骏：《试析日本在吉布提军事基地的部署与影响》，《国际展望》2015 年第 3 期。

沈旭晖：《吉布提：下一个大国博弈场?》，《南风窗》2015 年第 19 期。

谭炳才、程永林：《以构建合作机制为突破 有序推进对非投资合作——尼日利亚、坦桑尼亚、乌干达三国调研报告》，《广东经济》2016 年第 10 期。

万光：《美国的新中亚战略》，《现代国际关系》1997 年第 11 期。

王凤：《从冲突中谋和解——论阿富汗政治和解之基础、动力与挑战》，《当代世界》2016 年第 9 期。

王金波：《"一带一路"经济走廊与区域经济一体化：形成机理与功能演进》，社会科学文献出版社 2016 年版。

王聪：《哈萨克斯坦》，载孙力、吴宏伟主编《中亚国家发展报告（2016）》，社会科学文献出版社 2016 年版。

王磊：《从吉布提看中美在非洲竞合》，《世界知识》2016 年第 13 期。

王磊：《埃塞俄比亚总理海尔马里亚姆》，《国际研究参考》2016 年第 9 期。

王明昌：《塔吉克斯坦》，载孙力、吴宏伟主编《中亚国家发展报告（2016）》，社会科学文献出版社 2016 年版。

肖建明、宗蔚：《"利剑行动"与巴基斯坦塔利班的命运》，《印度洋经济体研究》2015 年第 2 期。

谢贵平：《"中巴经济走廊"建设及其跨境非传统安全治理》，《南洋问题研究》2016 年第 3 期。

解世红：《浅析南盟的作用及与中国的合作关系》，《和平与发展》2015 年第 3 期。

徐国庆：《印非关系发展：路径很独特?》，《世界知识》2016 年第 17 期。

徐海燕：《吉尔吉斯斯坦》，载孙力、吴宏伟主编《中亚国家发展报告（2016）》，社会科学文献出版社 2016 年版。

杨宝荣：《从肯尼亚日非峰会看日本对非关系的调整》，《当代世界》2016 年第 11 期。

杨勇：《中巴经济走廊视域下对区域铁路连接的思考》，《经营管理者》2016 年第 6 期。

叶海林：《印度南亚政策及其对中国推进“一带一路”的影响》，载汪戎主编《印度洋地区发展报告（2016）》，社会科学文献出版社2016年版。

叶海林：《强势政府心态下的印度对华政策》，《印度洋经济体研究》2015年第3期。

殷永林：《21世纪以来印度与缅甸经济关系发展研究》，《东南亚纵横》2015年第4期。

章节根：《“21世纪海上丝绸之路”与中国的印度洋大战略：基于合作安全的分析视角》，载吴建民、汪戎、朱翠萍主编《印度洋地区发展报告（2015）》，社会科学文献出版社2015年版。

张琪：《鲁哈尼首访巴基斯坦 展开“能源外交”》，《中国能源报》2016年4月4日第8版。

张梅：《积极推进峰会成果落实 中非携手开创合作共赢共同发展的新时代》，《中国投资》2016年第5期。

赵常庆、张宁：《集体安全条约组织》，《中亚合作机制研究》世界知识出版社2009年版。

赵小玲：《伊朗与海湾国家的关系》，载冀开运、陆瑾等主编《伊朗发展报告（2015—2016）》，社会科学文献出版社 2016 年版。

钟伟云：《列国志：埃塞俄比亚》，社会科学文献出版社 2016 年版。

中国银行股份有限公司：《文化中行——国别（地区）文化手册：肯尼亚》，社会科学文献出版社 2016 年版。

朱翠萍：《莫迪政府大国发展战略的地缘政治考量——兼论中印战略对接的可能性》，载汪戎主编《印度洋地区发展报告（2016）》，社会科学文献出版社 2016 年版。

国家发改委：《中国—坦桑尼亚合作建设中央标轨铁路》，发改委网站，http：//www. sdpc. gov. cn/fzgggz/wzly/jwtz/jwtzzl/201605/t20160503_ 800692. html，2016 年 5 月 3 日。

国家铁路局：《中国与巴基斯坦联合开展中巴经济走廊铁路项目研究》，中央政府门户网站，http：//www. gov. cn/xinwen/2015—04/22/content_ 2851403. htm，2015 年 4 月 22 日。

国际在线：《里海沿岸五国外长会议在哈萨克斯坦举行》，新华网，http：//news. xinhuanet. com/world/2016—07/14/c_ 129146416. htm，2016 年 7 月 14 日。

环球时报:《孟加拉国恐怖袭击令多国愤怒 IS 势力或溢出中东》,环球网,http://mil. huanqiu. com/world/2016—07/9118632. html,2016 年 7 月 4 日。

环球网:《卢旺达选民要求取消总统任期限制 现总统或多次执政》,环球网,http://world. huanqiu. com/exclusive/2015—12/8221508. html,2015 年 12 月 21 日。

蒋安全、李志伟:《蒙内铁路,讲述一路中肯友好故事》,人民网,http://world. people. com. cn/n1/2016/0530/c1002—28388100. html,2016 年 5 月 30 日。

联合早报:《与中国抗衡,日本拟敲定 60 个援助非洲项目》,联合早报,http://www. zaobao. com/special/report/politic/sino—jp/story20160213—580960,2016 年 2 月 13 日。

人民日报:《喀喇昆仑公路二期关键工程隧道正式进洞》,人民日报网,http://paper. people. com. cn/rmrb/html/2016—12/01/nw. D110000renmrb _ 20161201_ 3—22. htm,2016 年 12 月 1 日。

人民日报:《巴基斯坦安全局势依然严峻》,新华网,http://news. xinhuanet. com/world/2016—08/10/c_ 12921760

9. htm，2016 年 8 月 10 日。

人民网—国际频道：《中国公司承建的肯尼亚内马铁路项目开工》，人民网，http：//world. people. com. cn/n1/2016/1020/c1002—28795127. html，2016 年 10 月 20 日。

人民网：《阿富汗总统结束访问伊朗 两国将联手打击恐怖分子》，2015 年 4 月 21 日，http：//world. people. com. cn/n/2015/0421/c157278—26882008. html。

商务部：《四国抵制南盟峰会》，商务部网站，http：//www. mofcom. gov. cn/article/i/jyjl/j/201610/20161001405333. shtml，2016 年 10 月 9 日。

腾讯新闻：《中俄均支持伊加入上合组织》，腾讯网，http：//news. qq. com/a/20160207/007256. htm? pgv_ ref = aio2015_ sogou，2016 年 2 月 7 日。

新华每日电讯：《习近平同巴基斯坦总理谢里夫举行会谈》，新华网，http：//news. xinhuanet. com/mrdx/2015—04/21/c_ 134168391. htm，2015 年 4 月 21 日。

新华新闻：《李克强抵达伊斯兰堡对巴基斯坦进行正式访问》，新华网，http：//news. xinhuanet. com/world/2013—05/22/c_ 115868571. htm，2013 年 5 月 22 日。

新华社：《范长龙访问吉布提》，新华网，http：//news.xinhuanet.com/mil/2016—11/25/c_129377999.htm，2016年11月25日。

新华网：《综述：坦桑尼亚大选在平静中举行》，新华网，http：//news.xinhuanet.com/world/2015—10/26/c_1116935365.htm，2015年10月26日。

辛闻：《外交部：日媒关于〈内罗毕宣言〉的报道不客观》，中国网，http：//news.china.com.cn/world/2016—08/29/content_39188003.htm，2016年8月29日。

徐伟：《中国货船从瓜达尔港隆重出海 中巴经济走廊迎来黎明》，环球网，http：//world.huanqiu.com/exclusive/2016—11/9672212.html，2016年11月14日。

徐伟：《巴基斯坦拉合尔轨道交通橙线项目建设总体进展顺利》，人民网，http：//world.people.com.cn/GB/n1/2016/1219/c1002—28960020.html，2016年12月19日。

中国石油新闻网：《乌干达：东非油气发现的先锋》，2013年6月24日，http：//news.cnpc.com.cn/system/2013/06/24/001433943.shtml。

中国石化报环球周刊：《肯尼亚石油开采在东非遥遥领先》，

2013 年 11 月 15 日，http：//www. sinopecnews. com. cn/news/content/2013—11/15/content_ 1353708. shtml。

中国日报网：《埃塞俄比亚发生重大踩踏事故 至少 52 人死亡》，央广网，http：//news. cnr. cn/gjxw/gnews/20161003/t20161003_ 523176339. shtml，2016 年 10 月 3 日。

中新网：《伊朗总统对吉进行访问 吉总统称支持伊加入上合》，中国新闻网，http：//news. cctv. com/2016/12/24/ARTIfiD80plWkHNU0bmUYLBD161224. shtml，2016 年 12 月 24 日。

中国驻缅甸经商参处：《昂山素季与印度总理莫迪举行会晤》，商务部网站，http：//mm. mofcom. gov. cn/article/jmxw/201610/20161001422687. shtml，2016 年 10 月 21 日。

中国驻曼德勒总领馆经商室：《缅印贸易额下财年将增至 30 亿美元》，商务部网站，http：//www. mofcom. gov. cn/article/i/jyjl/j/201511/20151101153785. shtml，2016 年 7 月 25 日。

驻俄罗斯联邦经商参处：《欧亚经济委员会贸易委员谈与伊朗等 4 国自贸区》，商务部，http：//www. mofcom. gov. cn/article/tongjiziliao/fuwzn/oymytj/201701/20170102496083.shtml，2016年12月30日。

驻肯尼亚使馆经商处：《蒙巴萨港2号码头一期项目竣工》，商务部网站，http：//www.mofcom.gov.cn/article/i/jyjl/k/201603/20160301266798.shtml，2016年3月2日。

驻坦桑尼亚经商代表处：《坦桑新总统马古富力发表施政演讲》，环球网，http：//china.huanqiu.com/News/mofcom/2015—11/8024993.html，2015年11月23日。

驻坦桑尼亚经商代表处：《坦桑尼亚迁都多多马面临挑战》，商务部网站，http：//www.mofcom.gov.cn/article/i/jyjl/k/201609/20160901398421.shtml，2016年9月21日。

英文参考书目：

Brautigam D. A.，*The Dragon's Gift*：*The Real Story of China in Africa*，Oxford，UK：Oxford University Press，2011.

Brautigam D. A.，*Will Africa Feed China*？Oxford，UK：Oxford University Press, 2015.

Barry Buzan and Gowher Rizvi, *South Asian Insecurity and the Great Powers*, New York: St Martin's Press, 1986.

IMF, *Direction of Trade Statistics Yearbook*, 2015.

IMF, *World Economic Outlook*, Sep. , 2015.

Kripa Sridharan, *The ASEAN Region in India's Foreign Policy*, Aldershot: Dartmouth Publishing, 1996.

Manji, F. and Marks, S. (eds.), *African Perspectives on China in Africa*, Oxford, UK: Fahamu Books & Pambazuka Press, 2007.

Mathias, Hartpence, "The Economic Dimension of Sino - Pakistan Relations: An Overview", *Journal of Contemporary*, 2011.

Sanaullah, Baloch, "Gwadar, China and Baloch Apprehensions", September 8, 2013, http://tribune.com.pk/story/601604/gwadar—china—and—baloch—apprehen sions/ (accessed August 1, 2016).

Senate of Pakistan. "Report of the Parlimentary Commitee on Balochistan", November 2005, http://www.senate.gov.pk/

uploads/documents/1308267066_ 685. pdf (accessed July 1, 2016) .

Syed Ali Shah, "Militants Blow Up Gas Pipeline in Balochistan", June 14, 2013, Accessed July 1, 2016, http: //www. dawn. com/news/1018226.

Taylor, I, *China's New Role in Africa*, Boulder, USA: Lynne Rienner, 2010.

Umbreen, Javaid, " Concerns of Balochistan: Effects and Implications on Federation of Pakistan", *Journal of Political Studies.*

UNCTAD, *Handbook of Statistics 2016.*

United Nations, *UN Mission's Summary Detailed by Country*, Month of Report, http: //www. un. org/en/peacekeeping/ contributors/2016/aug16_ 3. pdf.

马文琤，男，回族，1980年3月生，中共党员，法学硕士，现为中国社会科学院西亚非洲研究所助理研究员，中国社会科学院“一带一路”研究中心特聘研究员，中国社会科学院上海研究院特聘研究员，中东学会阿拉伯项目部主任。目前主要从事中东政治、伊斯兰文化的理论与研究工作。近年先后主持或参加多项国家社科基金、国家民委、中国社会科学院院级重点科研项目，参与多部《中东黄皮书·中东发展报告》的撰写，参写、参编著作、教材多部，发表各类研究成果100余万字。

智宇琛，获北京大学经济学院理学学士学位和中国社会科学院西亚非洲系法学硕士、博士学位，目前为中国社会科学院西亚非洲研究所助理研究员。智宇琛长期从事中资企业在非洲能矿合作开发、基础设施建设及制造业等领域发展研究，先后发表《AGOA法案的实施及其对非洲国家的影响》（2003）、《莱索托的外资引进及未来挑战》（2004）、《试析我国央企参与非洲“三大网络”建设》（2014）等10余篇内参及核心期刊论文以及

《中国中央企业走进非洲》（2016）等学术专著。智宇琛具有10年中央企业发展战略部门负责人工作经验，曾任中国铁路通信信号集团办公室副主任、研究设计院企业战略与法务部部长等职务。在此期间，多次主持编制企业发展战略规划，组织建立全面风险管理和内部控制体系；作为中方谈判代表主持中国铁路通信信号集团与美国通用电气有限公司（GE）合资谈判；根据国务院“7．23”甬温线特别重大铁路交通事故调查组要求，主笔编写整顿重组报告并上报国务院。

汪塞飞叶，女，东乡族，1987年1月生，甘肃兰州人，阿拉伯语硕士，长期从事阿拉伯语研究。历任青岛建工集团利比亚分公司“28000套住房项目”首席翻译官，中国建筑股份有限公司阿尔及利亚分公司“TIPAZA 48KM高速公路”项目、“TIPAZA区域4000套住房项目”属地化管理经理等职。后赴马来西亚因萨尼亚大学深造，撰写的《古兰经中的不规则读法》一文被评为优秀硕士论文。